２０２０年度版

外国人技能実習・特定技能・研修事業実施状況報告

JITCO白書

公益財団法人　国際人材協力機構

目　次

第1部　2020年度 JITCO 事業計画

第2部　2019年度外国人技能実習・特定技能・研修に対する
##　　　　 JITCO 支援等の実施状況

第 3 部　JITCO の業務推進体制

第 4 部　我が国の技能実習制度、特定技能制度の概況
　　　　　（各種統計データより）

第1部
2020年度 JITCO 事業計画

第1部
2020年度JITCO事業計画

総　論

　我が国の外国人材受入れの制度環境は、1991年の当機構設立当時の「研修制度」から1993年の「技能実習制度の創設」、2010年の「入管法改正（在留資格「技能実習」の新設）」、2017年の「技能実習法の施行（新たな技能実習制度への移行）」、2019年の「特定技能制度の創設」など変遷を遂げてきた。

　中でも、当機構がその推進に中核的役割を担ってきた外国人技能実習制度は、開発途上地域等の青壮年を技能実習生として日本の産業界に受け入れ、職場での実地訓練を通じて、技能・技術・知識を修得してもらうことにより、開発途上地域等への技能等の移転を図り、当該地域の経済発展に貢献することを目的とする制度であり、制度創設以来、日本の産業界及びアジア諸国を中心に諸外国に広がり、技能実習生の在留者数は2019年6月末に36万人を超えるなど、近年増加の傾向を示している。

　また、2019年4月にスタートした特定技能制度は、労働力不足が著しい特定の産業上の分野において、一定の専門性・技能を有し即戦力となる外国人材を受け入れる仕組みであり、技能実習2号修了者が特定技能1号に移行することが可能であること等から、技能実習制度とも関連しながら、相互に影響を与えていくものと考えられる。2019年12月末時点において特定技能外国人の在留数は1,621人と、同制度はまだ緒に就いたばかりであるが、2020年度以降は国内外での特定技能試験の体制整備が図られ、対象分野や従事可能な業務内容の見直し等が進むことにより、受入れが加速するものと思われる。

　当機構は発足以来長年の間、技能実習制度の推進を担ってきたが、2018年度末より、特定技能制度に関する相談・助言・講習等の支援サービスも開始するなど、我が国の外国人材受入れの制度環境の変化に沿いながら事業活動の拡大を図ってきた。さらに2020年4月、現行の事業活動の内容に即して、当機構は法人名称を「公益財団法人　国際人材協力機構」に改め、2020年度は新たな名称のもと、外国人材の受入れ制度の関係者に対する相談・助言、講習・人材育成事業等、各種支援サービスの、より一層の充実に努めていくこととする。なお、新型コロナウイルス感染拡大に伴う世界的な経済減速、東京オリンピック・パラリンピック後の景気動向を勘案しつつ、今年度の事業については機動的に対応していく。

以上

各　論

Ⅰ　公益目的事業

第1章　相談・助言

1　海外の送出機関、本邦の監理団体・実習実施者、外国人材の受入れ機関・支援機関ほか関係機関への相談・助言

(1)　海外の送出機関等との相談等の実施

　送出し国政府等と協議を実施し、技能実習、特定技能等の制度の周知を図るとともに、日本国政府と送出し国政府間の二国間取決めの動向を見極めながら新しいR/Dを締結していく。また、送出機関等からの相談に対して、制度の内容理解が促進されるよう、助言を行う。

(2)　監理団体・実習実施者等に対する相談等の実施

①　入国から帰国までの各段階における総合的な相談の実施

　技能実習や特定技能等の制度の活用を検討している関係者や技能実習生・特定技能外国人等を受け入れている監理団体・実習実施者等に対し、技能実習生・特定技能外国人等を円滑に受け入れるために必要な、法令や各種手続等に関する総合的な相談支援を、本部及び地方駐在事務所において行う。

②　登録支援機関等に対する相談・助言等の実施

　在留資格「特定技能」に関し、登録支援機関の要件や手続について、法令等に照らし相談・助言を行う。

③　訪問事業の実施

　監理団体・実習実施者、特定技能所属機関・登録支援機関等を訪問し、技能実習生・特定技能外国人等の受入れに関する相談に応じるとともに、技能実習生・特定技能外国人等の受入れ体制・設備等についてアドバイスを行う。また、技能実習、特定技能等の制度に関する有益な情報や意見等を収集・提供する。

④　安全・衛生の確保のための支援の実施

　技能実習生、特定技能外国人等の作業の安全及び衛生（メンタルヘルスケアを含む）を促進するため、監理団体・実習実施者等に対し、リーフレット等を配布するとともに、助言等を行う。

2　技能実習生への相談・助言

(1)　技能実習生に対する母国語相談等の実施

　　技能実習生に対し、母国語で電話・メール等による相談・支援を実施する。

(2)　技能実習の継続が困難となった技能実習生に対する支援

　　実習実施者の倒産等により技能実習を継続することが困難になった場合に、技能実習生に対して、実習先変更や帰国に係る必要な助言等の支援を行う。

第2章　講習・人材育成

1　円滑な送出し・受入れ支援事業

(1)　送出し支援セミナー等の開催

　　送出し国政府の協力の下に開催する送出機関に対するセミナー等を通して、技能実習や特定技能等の制度の説明や日本語教育支援等の、送出機関への各種支援を図る。また、送出機関等の日本駐在員を対象に、技能実習や特定技能等に関する制度の周知を図るため、セミナー等を開催する。

(2)　受入れ支援セミナーの開催

　①　技能実習生受入れ関係者や技能実習生の受入れを検討している者、特定技能外国人の受入れを検討している者、登録支援機関になることを検討している者等を対象に、制度に関する説明会を開催する。また、監理団体・実習実施者や特定技能所属機関等の実務担当者を対象に、実務全般に関する知識のレベルアップを目的としたセミナーを開催する。

　②　監理団体・実習実施者を対象に、監理体制の充実・強化や適正な受入れ等、ニーズに即したテーマごとの講習会を開催する。

　③　監理団体・実習実施者等を対象に、技能実習生や特定技能外国人の受入れに係る、技能実習計画認定申請の申請書類や入国・在留諸申請の申請書類等の作成支援及び留意事項の理解促進を図るため、申請書類等の書き方に関するセミナーを開催する。また、出入国管理の現状、入管手続きの実務及び労働法令に関する情報を提供するセミナーを開催する。

　④　監理団体・実習実施者等を対象に、地方駐在事務所担当地域の実情やニーズに即したセミナーを地方駐在事務所ごとに開催する。

2　法令等の周知徹底のための講習会の開催

(1)　養成講習の開催

　　技能実習制度の養成講習機関として、監理責任者等講習、技能実習責任者講習、技能実習指導員講習及び生活指導員講習を開催する。

(2)　講師派遣の実施

　　監理団体や関係機関等からの依頼に基づき講師派遣を行い、適正な技能実習生等の受入れや海外進出展開を行う企業の人材育成を支援するほか、技能実習や特定技能等の制度を広く周知する。

3　成果向上支援事業

(1)　技能向上を支援する講習会の開催

　　技能実習生の技能向上のため、技能実習生やその指導員を対象とした上位級受検準備講習などの各種講習会を開催する等の支援を行う。

(2)　日本語指導に関するセミナー等の開催

　　日本語指導の現場で役立つ実践力を養うことを目的に、講習における日本語の学習目標の設定の仕方や実際の授業の進め方及び講習後の日本語の継続学習を効果的に行う方法等に関するセミナーを開催する。また、監理団体・実習実施者、特定技能所属機関・登録支援機関等に対し、セミナー等の内容を活用しつつ先方のニーズに合わせてアレンジした講義内容を提供する講師派遣を行う。

　　さらに、日本語指導や実習現場でのコミュニケーションに関する相談に応じるとともに、ホームページサイト「JITCO日本語教材ひろば」を活用し、国内外の日本語指導担当者に、日本語教材・素材及び日本語指導に関する情報等を提供する。

4　技能実習生保護事業

(1)　技能実習生等に対する法令等の周知

　　講習の適正な実施を支援するため、監理団体等が講習期間中に行う「技能実習生の法的保護に必要な情報」等に関し、技能実習法令・入管法令・労働関係法令・不正行為への対応に精通した専門講師を派遣する等の支援を行う。

(2)　安全衛生教育の推進

　　危険、有害な作業に伴う労働災害等を防止し、技能実習生や特定技能外国人等が業務に従事するにあたって必要となる各種技能講習の受講機会の拡大に向けて情報提供を行うとともに、技能実習生や特定技能外国人等が業務に従事するにあたって必要となる特別教育の講師を派遣する。

(3)　技能実習生に対する母国語情報提供

　①　「技能実習生の友」の配布

　　技能実習生等に対し、技能実習や日本の生活に関する母国語による情報提供を目的に定期刊行物「技能実習生の友」を作成し、配布するとともに、ホームページにPDF版を掲載する。

　②　母国語表記の教材の作成・提供

　　技能実習や日本での生活に役立つ各種教材を技能

実習生や特定技能外国人向けに母国語で作成し、提供する。

第3章　調査・資料収集

1　技能実習制度等の運営実態や関連する法令等に関する協議・情報収集

(1) 海外関係機関との連携及び協議、情報の収集・提供

① 送出し国政府要人の訪問受入れ及び送出し国在京大使館との意見交換

送出し国政府要人等の訪問に積極的に応え、技能実習や特定技能等の制度について意見交換を行う。また、必要に応じ、送出し国政府要人の招聘を検討するとともに、各国の在京大使館との連携を強化する。

② 送出し国情報の収集・提供

監理団体等が、送出機関からの受入れを円滑に行えるよう支援するため、送出し国政府との連携に基づき収集した送出機関情報を監理団体等からの求めに応じて提供するとともに、技能実習生や特定技能外国人等の送出しに係る送出し国における制度等の状況について調査し、情報提供する。

③ 送出機関と監理団体等との情報交換会等の開催

送出し国事情の説明や送出機関と監理団体等との情報交換等を目的とする会合を開催する。また、監理団体等を募集し、送出し国の政府窓口や送出機関・日本語教育施設等を訪問する海外視察を実施する。

(2) 国内関係機関等との連携及び協議、情報の収集・提供

① 国内関係機関との連携及び協議、情報の収集・提供

ア　技能実習制度の適正化を図るため、外国人技能実習生受入れ団体中央・地方連絡協議会と適宜情報交換を行う。

イ　監理団体・実習実施者等との地域情報交換会を開催し、技能実習制度等に関する情報を提供するとともに、監理団体同士等の情報交換の場を提供する。

② 行政機関等との連携による多文化共生の推進に係る情報の収集・提供

外国人との多文化共生社会の実現を推進するため、国や地方自治体等の施策等に係る情報の収集、情報交換を行うなど、積極的な連携を図る。

2　技能実習や特定技能等の外国人材の受入れ制度の運営実態等に関する調査

技能実習や特定技能等の外国人材の受入れ制度の効果的な活用や適正な実施等を推進するため、制度に関する好事例等の各種情報を収集し、ホームページ等により公表する。

第4章　その他の事業

1　技能実習生及び監理団体・実習実施者への評価付与、認定支援事業

(1) 技能実習1号から技能実習2号への移行評価の実施

① 修得技能等の評価

行政による委託事業がある場合には、技能実習1号から技能実習2号への移行評価支援を行う。

② 技能実習計画の作成支援

監理団体・実習実施者が適正かつ効率的に技能実習計画を作成できるよう、移行対象職種・作業等に関する相談を中心に必要な助言を行う。

③ 技能実習移行対象職種・作業の周知

技能実習移行対象職種・作業について、ホームページ等により監理団体・実習実施者に対して周知を行う。

(2) 技能実習移行対象職種の拡大支援

技能実習移行対象職種の追加について、試験実施機関を希望する業界団体等に対し、国の「公的評価システムの認定」を受けられるよう、評価システムの組立への助言等を行い、職種拡大を支援する。また、技能実習移行対象職種・作業に係る業界団体等のニーズの把握等、情報収集に努める。

(3) 技能実習生受入れ事業の評価・認定

適切かつ効果的な技能実習の実施を図るため、監理団体等からの要望がある場合には、監理団体等の行う技能実習生受入れ事業を評価・認定する。

(4) 技能実習生の技能修得の促進

① 修得技能等の評価促進

実習実施者に対し、技能実習生の育成に有効な指導評価システムの構築を支援するとともに、技能移転が職場レベルで着実に実施されるよう必要な助言等を行う。

② 技能実習修了者に対する修了証書の交付

行政による委託事業がある場合には、所定の技能実習を履修した技能実習生に対して、技能実習修了証書を交付する。

2　技能実習生・研修生の日本語作文コンクールの表彰と支援

(1) 日本語作文コンクールの実施

技能実習生・研修生の日本語能力の向上に資するた

め、外国人技能実習生・研修生日本語作文コンクールを実施する。

(2) JITCO 交流大会の開催

技能実習制度等の更なる成果向上と監理団体・実習実施者等との情報共有を目的として、JITCO 交流大会を開催し、関係機関等による各種講演等を実施する。

3 広報啓発推進事業

(1) 各種パンフレット・ガイドブック等及び白書の出版

① 各種パンフレット・ガイドブック等

技能実習や特定技能等の制度に関する各種パンフレット・ガイドブック等を日本語や外国語で作成し、その普及と利用促進を図る。また、JITCO の業務内容の説明や制度の解説を掲載した総合パンフレットを配布するとともに、ホームページに PDF 版を掲載する。

② JITCO 白書

技能実習等の制度及び技能実習生等に係る情報、JITCO の業務状況等をとりまとめ、監理団体・実習実施者等に提供する。

(2) 総合情報誌「かけはし」の発行

技能実習生等の円滑な受入れ等に資するため、総合情報誌「かけはし」を年4回発行し、監理団体・実習実施者等に提供するとともに、ホームページに PDF 版を掲載する。

(3) ホームページの管理運営及び迅速かつ広範な情報提供

① 日本語・中国語・英語に対応したホームページを運用し、監理団体・実習実施者を含む広範な対象者向けに、JITCO の役割・事業や技能実習、特定技能等の制度に関する重要な情報等を的確・迅速に発信する。

② 技能実習生の母国語による技能実習生向けポータルサイト「ウェブサイト版『技能実習生の友』」を更新・運用し、技能実習生等から問合せの多い事柄等をまとめ、技能実習生に向けて技能実習等の円滑な実施に役立つ情報を提供する。

③ JITCO ホームページに対する不正なアクセスやハッキング等の脅威に備えつつ、迅速な情報提供のため、ホームページを安定的に運用する。

(4) 教材等の刊行・提供

技能実習や特定技能等の制度の解説書や入国・在留手続に必要な申請書類の記載例集、日本語教育教材、健康管理及び安全衛生に関する教材、技能実習や特定技能等の業務の実施に必要とされる用語集等を刊行し、提供する。また、IT 時代における情報閲覧環境のデジタル化の進展に対応するため、各種教材等の電子

化について検討を進め、逐次利用者へ提供を開始する。

Ⅱ　共益事業

入国・在留関係申請書類等の点検・提出・取次ぎサービスの実施

技能実習生や特定技能外国人等の円滑な受入れを支援するため、監理団体・実習実施者、特定技能所属機関等に対し、地方出入国在留管理局への入国・在留諸申請書類の点検・取次ぎサービスを提供する。

なお、技能実習に関しては、外国人技能実習機構への技能実習計画の認定申請書類の点検・提出サービスも行う。

Ⅲ　収益事業

外国人技能実習生総合保険等の普及

技能実習生、特定技能外国人等が日常生活において負傷したり病気になったりした場合に、治療費のうち健康保険の自己負担部分を懸念することなく安心して技能実習や特定技能の業務等に専念できるようにするため、また、第三者への法律上の損害賠償及び死亡・危篤時の親族による渡航・滞在費用等の出費に備えるため、外国人技能実習生総合保険等の周知を図る。

Ⅳ　法人管理

公益財団としての管理運営業務の推進

(1) 公益財団の健全経営の推進

① 経営の健全化推進

収入の確保と経費の削減・合理化の推進、費用対効果の意識を徹底した事業の執行、事業活動の透明性・適格性の確保、事業の計画的・効率的な執行等を基本としてさらなる経営の健全化を推進する。

② 事業の効率的な執行

職員の能力発揮の推進、職場管理の徹底及び人材の有効活用等による効率的な事業の推進を図る。

③ 事務の簡素・合理化の推進

業務執行体制や各種規程等の見直し、事務の簡素化・合理化を推進する。

④ 国への要望

各種会議の場や関係機関との意見交換等を通じ、健全な事業推進に必要な技能実習制度等の改善に対する要望等を行う。

⑤ 法人名称変更への対応

法人名称変更に伴う各種対応事務を適切に実施する。

(2) 公益財団の管理運営
　① 理事会・評議員会の開催
　　理事会・評議員会を定期的に又は必要に応じて開催し、事業計画及び予算や事業報告及び決算等について議決、承認を得る。
　② 監査法人による外部監査の実施
　　会計の健全性と透明性を確保するため、監査法人による外部監査を実施する。
　③ JITCO 設立30周年記念事業の準備
　　JITCO が、2021年に設立30周年を迎えるにあたり、記念事業等について具体的な準備を進める。
(3) 公益財団の事業推進体制の整備
　① 情報セキュリティ対策の推進
　　情報セキュリティ対策について、職員への教育、技術的対策の導入等、効果的な施策を推進する。
　② JITCO 基幹業務システム等の安定稼働と機能改善の推進
　　JITCO 基幹業務システム等の更なる安定稼働と信頼性の確保に継続して努めるとともに、機能改善を推進する。また、監理団体等における申請書類等作成の迅速処理のため、当機構が製作・提供する IT システムである JITCO 総合支援システムの利用の促進を図る。
　③ 職員研修の充実
　　職員研修の効果的な実施及び自己啓発の奨励を通じて職員の資質の一層の向上に努める。
　④ 本部・地方駐在事務所の体制整備
　　本部及び地方駐在事務所について、業務量等を考慮した適切な人事配置を行うとともに、来訪者が相談しやすい環境整備に努める。
(4) 賛助会員管理体制の整備
　　JITCO の活動内容や趣旨に賛同される監理団体・実習実施者、特定技能関係者等に対して、積極的に賛助会員制度の周知と賛助会員加入推進を図るとともに、適正に入退会管理等を実施する。また、賛助会員への情報提供等を迅速に行うため、メールマガジン等による情報発信を行う。

　　　　　　　　　　　　　　　　　　　　　以上

第 2 部

2019年度外国人技能実習・特定技能・研修に対する JITCO 支援等の実施状況

第2部
2019年度外国人技能実習・特定技能・研修に対する JITCO 支援等の実施状況

I　公益目的事業

第1章　相談・助言

1　海外の送出機関、本邦の監理団体、実習実施者、外国人材の受入れ機関・支援機関ほか関係機関への相談・助言

(1)　海外の送出機関等との相談等の実施

　　2019年度は、以下の9ヶ国の送出し国政府窓口と協議を行った。協議内容は、以下のとおりである。

①　中国

　　2019年4月に中日研修生協力機構一行が来日し、意見交換を行った。当機構より、技能実習制度、特定技能制度の最新情勢および当機構の特定技能制度における新たな役割について説明を行った。先方からは、特定技能制度での中国側送出し体制に関する基本的考え方につき言及があり、当機構との関係を重視し今後も協力して事業を進めていきたい旨の表明があった。

中国との意見交換の様子（4月）

②　ウズベキスタン

　　2019年5月、来日した雇用・労働関係省及び駐日大使と共に意見交換を行った。当機構より、技能実習制度、特定技能制度の内容について説明を行い、先方からは、技能実習生等の送出しに向けて具体的な取組み計画を作成している旨の報告があり、今後も当機構の支援を得ながら積極的に体制整備を行っていきたいとの意向が示された。

ウズベキスタンとの意見交換の様子（5月）

　　2019年12月、日本政府との特定技能制度に係る協力覚書締結のために来日した雇用・労働関係省大臣及び対外労働移民庁の一行と意見交換を行った。当機構からは特定技能制度の仕組みやウズベキスタン側における送出し体制の整備の必要性について説明し、先方からは、技能実習生及び特定技能に係る労働者への政府による資金貸付け等の施策について説明があり、双方において、送出し促進に向けて協力していくことで認識を共有した。

ウズベキスタンとの意見交換の様子（12月）

③　タイ

　　2019年8月にタイを訪問し、労働省雇用局と新たな討議議事録（R/D）の締結に向けた協議を行った。先方より、技能実習制度における当方の継続的支援に対し謝意が示され今後も協力関係を深めたいとの意向が示された。当機構からは、技能実習制度、特定技能制度の現状につき説明し円滑な送出しに向けて支援を行うことを表明した。

タイとの協議の様子（8月）

2020年2月に労働省雇用局長一行が来日し、討議議事録（R/D）を締結した。当機構より、技能実習制度、特定技能制度の最新状況につき説明し、先方より、今回の新R/D調印により当機構と労働省雇用局の関係が一層深まることへの期待が示された。

タイとの協議の様子（20年2月）

④ パキスタン

2019年8月にパキスタンを訪問し、教育・職業訓練省と協議を行い、新たに討議議事録（R/D）の締結を行った。当機構より、技能実習制度、特定技能制度、当機構の役割について説明し、先方からは、今後の技能実習生等の派遣により人材交流が活発化されることへの期待が示された。

パキスタンとの協議の様子（8月）

⑤ キルギス

2019年10月、来日した外務大臣及び駐日大使と意見交換を行った。当機構から、技能実習制度、特定技能制度について説明を行い、先方から、キルギスにおける人材派遣状況や日本語教育事情等について説明があり、今後の日本への送出しに向けた課題について意見交換を行った。

キルギスとの意見交換の様子（10月）

⑥ ベトナム

2019年11月にベトナムを訪問し、労働・傷病兵・社会省副大臣へ表敬訪問を行い、海外労働局との間で特定技能制度における協力内容を含む新たな討議議事録（R/D）を締結した。同局との協議において、当機構から、技能実習制度、特定技能制度、当機構の役割について説明を行うとともに、今後の送出し促進に向けた具体的な協力のあり方について意見交換を行った。

ベトナムとの協議の様子（11月）

⑦ カンボジア

2019年11月にカンボジアを訪問し、労働・職業訓練省との間で特定技能制度における協力内容を含む新たな討議議事録（R/D）を締結した。同省との協議において、当機構から、技能実習制度、特定技能制度、当機構の役割について説明を行うとともに、今後の送出し促進に向けて、失踪問題や特定技能制度の試験対策等について意見交換を行った。

カンボジアとの協議の様子（11月）

⑧ インド

2019年11月、来日した技能開発起業促進省・全国技能開発公社及び在京インド大使館と意見交換を行い、インドの特定技能制度への取組み姿勢や日本語

教育等について意見交換を行い、引続き送出し促進に向けて協力関係を深めていくことで認識を共有した。

インドとの意見交換の様子（11月）

2019年12月、インドを訪問して、全国技能開発公社と意見交換を行った。今後企画する「インド視察プログラム」について打合せを行い、各種懸案事項についても意見交換を行った。

インドとの意見交換の様子（12月）

⑨　ミャンマー

2020年1月にミャンマーを訪問し、労働・入国管理・人口省と意見交換を行った。当機構から、技能実習制度、特定技能制度の現状、当機構の役割について説明し、先方から、技能実習及び特定技能におけるミャンマー側の取組み姿勢について説明がなされ、今後の協力のあり方や問題点について意見交換を行った。

ミャンマーとの意見交換の様子（20年1月）

第2－1表　送出国政府窓口一覧（2020年3月現在）
―R/D（討議議事録）調印状況―

国名(五十音順)	機　関　名（略称）	R/D 調印日
イ　ン　ド	全国技能開発公社（NSDC）	2018. 2.22
インドネシア	労働省（MOM）訓練・生産性開発総局	2010. 3. 8
ウズベキスタン	雇用・労働関係省（MEHNAT）	2012. 5.28
カ　ン　ボ　ジ　ア	労働・職業訓練省（MLVT）	2019.11.29
ス　リ　ラ　ン　カ	海外雇用省（MFE）海外雇用庁（SLBFE）	2018. 5.31
タ　　　イ	労働省　雇用局（DOE）	2020. 2. 3
中　　　国	国家外国専家局（専家局）	2010. 4.26
	中日研修生協力機構（中日）	2010. 3.31
ネ　パ　ー　ル	労働雇用・社会保障省（MOLESS）	2010. 2. 2
パ　キ　ス　タ　ン	教育・職業訓練省（MOFEPT）	2019. 8.28
バングラデシュ	海外居住者福利厚生・海外雇用省（MOEWOE）	2018. 3.27
フ　ィ　リ　ピ　ン	労働・雇用省 海外雇用庁（POEA）/海外労働福祉庁（OWWA）	2011. 6. 2
ベ　ト　ナ　ム	労働・傷病兵・社会省 海外労働局（DOLAB）	2019.11.25
ペ　ル　ー	労働・雇用促進省（MTPE）	2010. 4.21
ミ　ャ　ン　マ　ー	労働・入国管理・人口省　労働局（DOL）	2013. 5.20
モ　ン　ゴ　ル	労働・社会保障省（MLSP）雇用政策推進調整局	2010. 7. 1
ラ　オ　ス	労働社会福祉省（MLSW）	2018. 5.11

第2－2表　協議・ジョイントセミナー等実施実績一覧

時　期	対象国	内　容
2019. 4.11	中　　　国	中日研修生協力機構との協議
2019. 5.14	ウズベキスタン	雇用・労働関係省（MEHNAT）との協議
2019. 8.28	パ キ ス タ ン	教育・職業訓練省（MOFEPT）との協議
2019. 8.29	タ　　　イ	労働省　雇用局（DOE）との協議
2019.10.24	キ ル ギ ス	外務大臣一行来日に伴う協議
2019.11.22	イ　ン　ド	技能開発起業促進省（MSDE）・全国技能開発公社（NSDC）一行来日に伴う協議
2019.11.25	ベ ト ナ ム	労働・傷病兵・社会省（MOLISA）海外労働局（DOLAB）との協議
2019.11.29	カ ン ボ ジ ア	労働・職業訓練省（MLVT）との協議
2019.12. 9	イ　ン　ド	全国技能開発公社（NSDC）との協議
2019.12.17	ウズベキスタン	雇用・労働関係省（MEHNAT）及び対外労働移民庁（AELM）一行来日に伴う協議
2020. 1.27	ミ ャ ン マ ー	労働・入国管理・人口省（DOL）との協議
2020. 2. 3	タ　　　イ	労働省　雇用局（DOE）一行来日に伴う協議

(2)　監理団体・実習実施者等に対する相談等の支援

①　入国から帰国までの各段階における総合的な相談の実施

　技能実習や特定技能等の制度の活用を検討している関係者や技能実習生等を受け入れている監理団体・実習実施者、特定技能外国人を受け入れている所属機関・登録支援機関等に対し、円滑な受け入れのために必要な、法令や各種手続き等に関する相談に対応した。

　また、外国人技能実習機構地方事務所・支所並びに地方出入国在留管理局と意見交換会を開催し、技能実習制度及び特定技能制度に係る法令等の解釈や留意事項等について情報収集に努めた。

第2－3表　入国から帰国までの各段階における総合的な相談件数

（単位：件）

	2017年度	2018年度	2019年度
相談件数	7,243	9,385	12,651

②　登録支援機関等に対する相談・助言等の実施

　在留資格「特定技能」に関し、登録支援機関としての登録要件や登録手続等に関する相談に対応した。また、登録支援機関になろうとする者に対し、地方出入国在留管理局への登録申請書類の作成に関する相談に対応した。

③　訪問事業の実施

　監理団体及び登録支援機関（1,888機関）や実習実施者（303機関）を訪問し、技能実習生・特定技能外国人の受入れに関する相談に応じるとともに、技能実習生・特定技能外国人の受入れ体制・設備等についてアドバイスを行った。また、技能実習制度、特定技能等の制度に関する情報・意見等を収集・提供した。

訪問相談・訪問支援の活動状況（2019年度）

　監理団体等への訪問相談は、地方駐在事務所の職員が監理団体等に定期的に訪問し、技能実習制度に関する相談に対してアドバイスを実施するとともに、監理団体等にとって有益な各種情報等を提供するためのもの。2019年度は、技能実習制度に関連した、建設分野技能実習の新たな受入れ基準、技能実習生の途中帰国に関する相談や、外国人技能実習機構による立入検査、2019年4月にスタートした特定技能制度に関する相談が多くあった。JITCOでは、これまでの制度運営の知見を生かしつつ、技能実習制度及び特定技能制度の情報収集を迅速、的確に行い、受入れニーズに基づいた支援サービスを実施した。

　一方、実習実施者への訪問支援は、同じく地方駐在事務所の職員が依頼を受けて実習実施者に訪問し、状況を伺いながら、技能実習制度に係る各種法令が適正に実施されるよう必要なアドバイスを行うことを目的として実施した。

加えて、技能実習生の安全衛生の確保のための支援は引き続き重要であることから、地方駐在事務所には安全衛生アドバイザーを10人、メンタルヘルスアドバイザーを4人配置し、相談体制を維持した。何れも監理団体からの依頼を受けて実習実施者に対して、安全衛生アドバイザーを派遣し、技能実習現場の安全確認を実施したり、メンタルヘルスアドバイザーを派遣し、精神的な不安を抱える実習生一人ひとりと面談しケアを行うなどの支援を実施した。

監理団体・実習実施者から寄せられた主な相談
・建設分野技能実習の新たな受入れ基準について
・送出し国および送出し機関について
・技能実習生の途中帰国について
・定期監査等の監理団体の業務について
・技能実習移行対象職種、作業について
・技能検定等の受検手続および試験内容について
・賃金等の技能実習生の処遇について
・外国人技能実習機構による立入検査について
・外国人技能実習機構への提出書類について
・特定技能について

④　安全・衛生の確保のための支援の実施
　　技能実習生の作業の安全及び健康の確保やメンタルヘルスのケアを図るため、監理団体や実習実施者等に対し、助言等を行うとともに、リーフレットや無料教材を配布した。

2　技能実習生への相談・助言

(1)　技能実習生に対する母国語相談等の実施
　　技能実習生に対し、母国語で電話等による相談・支援を実施した。2019年度の母国語相談受付件数は124件であり、その内訳は、中国語39件、ベトナム語37件、フィリピン語41件、インドネシア語2件、その他5件であった。

　　相談内容において関係者の問題点が懸念される事案については、その改善が図られるよう、また、技能実習生の権利を確保し、保護できるよう助言・指導を行った。

　　なお、母国語相談ホットラインは9月末を以て終了し下半期は一般相談電話にて対応した。

第2―4表　母国語相談件数

中国語	ベトナム語	フィリピン語	インドネシア語	その他	合計
39	37	41	2	5	124

技能実習生・研修生に対する母国語相談等の実施

2019年度相談項目の内訳別件数（複数の相談項目を受付けた場合は複数項目で計上）

(単位：件)

相　談　項　目	ベトナム語	中国語	フィリピン語	インドネシア語	その他	合計
技能実習制度についての照会	8	7	6	0	1	22
その他制度に関連する照会	2	5	3	0	0	10
トラブル相談	11	19	6	0	0	36
健康上の相談、けが・病気等が起因する事柄	3	6	1	1	0	11
その他	18	9	28	1	4	60
継続問い合わせ	0	3	2	0	0	5
項目別件数合計	42	49	46	2	5	144

相談項目は、技能実習制度、健康上の相談等多岐にわたっている。トラブルに関する相談は、ベトナム、中国が多く、母国語相談全体の21%を占めている。トラブル相談の内容としては、主に「途中帰国関連（保証金、賠償、帰国指示、自己都合等）」、「時間外、休日勤務（割増の不正等）」が見受けられた。その他の項目については、「技能実習修了証書」についての相談が目立った。

(2) 技能実習の継続が困難となった技能実習生に対する支援

　実習実施者の倒産等により技能実習を継続することが困難になった場合に、関係者に対し、国の未払い賃金立替払制度の紹介を含め必要な助言を行った。

第2章　講習・人材育成

1　円滑な送出し・受入れ支援事業

(1) 送出し支援セミナー等の開催

① ウズベキスタン

　2019年5月、来日した送出機関等約50名に対して在京大使館にて勉強会を開催した。当機構から技能実習制度のポイント及び注意点を解説し、その後活発な質疑応答が行われた。

② バングラデシュ

　2019年6月、来日した送出機関約40名に対して、技能実習制度、特定技能制度の概要や手続きについて説明するとともに、当機構の役割についても案内した。活発な質疑応答が行われ、参加者より技能実習生等の送出しへの強い意欲が示された。

バングラデシュ送出機関セミナーの様子（6月）

③ パキスタン

　2019年8月、パキスタンを訪問し、認定送出機関2機関に対して、技能実習制度、特定技能制度の概要や手続き、当機構の役割について説明を行った。

パキスタン送出機関セミナーの様子（8月）

④ ベトナム

　2019年11月、ベトナムを訪問し、送出機関セミナーを開催した。送出機関約300人に対して、技能実習制度、特定技能制度の概要と現状について送出機関が注意すべき点に焦点をあて説明した。また、今後の当機構の役割として、送出機関を支援し円滑な制度運営が行われるように努めていく旨表明した。

ベトナム送出機関セミナーの様子（11月）

⑤ カンボジア

　2019年11月、カンボジアを訪問し、送出機関セミナーを開催した。送出機関約110人に対して、技能実習制度、特定技能制度の概要と現状について送出機関が注意すべき点に焦点をあて説明した。また、今後の当機構の役割として、送出機関を支援し円滑な制度運営が行われるように努めていく旨表明した。その後、活発な質疑応答が行われた。

カンボジア送出機関セミナーの様子（11月）

⑥　ミャンマー

　2020年１月、ミャンマーを訪問し、送出機関協会（MOEAF）の幹部約30人に対して、技能実習制度、特定技能制度の概要と現状、今後の当機構の役割について説明を行った。その後、多数の質疑応答および情報交換を通じて、お互いの協力関係を深めていくことで認識を共有した。

ミャンマー送出機関セミナーの様子（20年１月）

(2)　受入れ支援セミナーの開催

①　制度説明会の開催

　新たに技能実習生を受け入れる監理団体・実習実施者等を対象に技能実習制度説明会を当機構本部で11回、名古屋で１回開催し、計358名の参加があった。

　また、特定技能外国人の受入れを検討している企業や登録支援機関等を対象に、特定技能制度に関する説明会を本部で３回、地方で10回開催し、1,525名の参加があった。

第２－５表　技能実習制度説明会の開催状況

（単位：人）

開　催　日	開催地	参加者数
2019年４月17日	東　京　都	36
５月15日	東　京　都	31
６月５日	東　京　都	34
７月３日	東　京　都	28
８月７日	東　京　都	32
９月４日	東　京　都	29
10月２日	東　京　都	15
11月６日	東　京　都	47
12月４日	東　京　都	33
12月13日	名古屋市	27
2020年１月15日	東　京　都	25
２月５日	東　京　都	21
合　　　　計		358

第２－６表　特定技能制度説明会の開催状況

（単位：人）

開　催　日	開催地	参加者数
2019年４月９日	広　島　市	172
４月10日	福　岡　市	199
４月11日	長　野　市	70
４月12日	水　戸　市	94
４月16日	松　山　市	64
４月17日	高　松　市	104
４月18日	名古屋市	193
４月19日	仙　台　市	74
４月23日	札　幌　市	101
４月24日	東　京　都	257
４月25日	富　山　市	100
2020年１月22日	東　京　都	49
２月19日	東　京　都	48
合　　　　計		1,525

②　受入れ実務セミナーの開催

　監理団体・実習実施者の技能実習事業責任者・担当者等を対象に技能実習生受入れ実務セミナー（団体監理型コース）を全国４ヶ所で５回開催し、280名の参加があった。企業単独型コースの受入れ実務セミナーを当機構本部で１回開催し、20名の参加があった。

第2-7表　技能実習生受入れ実務セミナーの開催状況

1　団体監理型コース

（単位：人）

開　催　日	開　催　地	参加者数
2019年7月19日	東　京　都	59
9月26日	広　島　市	46
10月24日	大　阪　市	52
11月14日	名古屋市	51
2020年1月29日	東　京　都	72
合　　　　計		280

2　企業単独型コース

（単位：人）

開　催　日	開　催　地	参加者数
2019年8月28日	東　京　都	20

③　申請書類の作成のための講習会の開催

外国人技能実習機構へ提出する技能実習計画認定申請書類の作成方法等に関する申請書類の書き方セミナーを計2回開催し、129名の参加があった。また、在留資格「特定技能」に係る申請書類の書き方セミナーを主要都市で11回開催し、995名の参加者があった。

第2-8表　申請書類の書き方セミナーの開催状況

（単位：人）

開　催　日	開催地	対　　象	参加者数
2019年7月31日	東　京　都	特定技能	120
8月6日	大　阪　市	特定技能	119
8月7日	名古屋市	特定技能	120
8月9日	札　幌　市	特定技能	58
8月20日	福　岡　市	特定技能	124
8月21日	広　島　市	特定技能	74
8月23日	東　京　都	特定技能	121
8月27日	名古屋市	特定技能	81
8月29日	高　松　市	特定技能	78
8月30日	富　山　市	特定技能	48
9月3日	仙　台　市	特定技能	52
合　　　　計			995

第2-9表　介護分野での技能実習書き方セミナーの開催状況

（単位：人）

開　催　日	開　催　地	参加者数
2019年9月18日	東　京　都	90
9月24日	名古屋市	39
合　　　　計		129

④　地方駐在事務所企画セミナーの開催

地方駐在事務所の企画により、介護分野での技能実習生受入れ及び介護技能実習評価試験の実務に関するセミナー（水戸25名、富山38名、名古屋38名、広島61名参加）、在留資格「特定技能」に係る申請書類の書き方セミナー（水戸74名、長野44名、松山33名参加）、電子機器組立て知識習得セミナー（富山2名参加）を実施した。

2　法令等の周知徹底のための講習会の開催

(1)　養成講習の開催

技能実習制度における主務大臣の告示を受けた養成講習機関として、昨年度に引き続き養成講習を実施した。2019年度は、監理団体向けの監理責任者等講習を関東エリア（8都県）で計9回、実習実施者向けの技能実習責任者講習、技能実習指導員講習、生活指導員講習を全エリア（47都道府県）で計196回開催し、両者合計で205回の養成講習を実施した。なお、新型コロナウイルス感染症対策により、3月10日以降開催予定だった技能実習責任者講習20回は全て中止した。

受講証明書交付者数は、監理責任者等講習が359名、実習実施者向けの3つの講習が9,973名、養成講習合計で10,332名となった。

(2)　講師派遣の実施

適正な技能実習生・特定技能外国人の受入れや海外進出展開を行う企業の人材育成を支援するため、監理団体や関係機関等に対し、175件の講師派遣を行った。

第2-10表　養成講習の開催状況

1　監理責任者等講習

（単位：人）

開　催　日	開　催　地	参加者数
2019年9月10日	宇都宮市	17
10月8日	高　崎　市	24
10月8日（追加開催）	東京都港区	125
11月12日	千　葉　市	48
12月3日	さいたま市	20
2020年1月7日	東京都港区	64
2月4日	甲　府　市	10
2月18日	水　戸　市	31
2月25日	横　浜　市	33
合　　　　計		372

第2—11表 養成講習の開催状況
2 技能実習責任者講習等三講習

(単位：人)

日　程	開催地	技能実習責任者講習	技能実習指導員講習	生活指導員講習
2019年4月10日～12日	札幌市	39	28	31
4月10日～12日	仙台市	50	17	20
4月17日～19日	新潟市	52	29	14
4月17日～19日	神戸市	76	56	32
4月24日～26日	防府市	37	27	20
4月24日～26日	宮崎市	20	22	14
5月15日～17日	福井市	42	44	36
5月15日～17日	福岡市	67	36	41
5月22日～24日	水戸市	40	43	35
5月22日～24日	秋田市	21	8	6
5月29日～31日	京都市	115	105	86
5月29日～31日	富山市	60	54	39
6月5日～7日	高松市	66	46	26
6月5日～7日	甲府市	55	24	24
6月11日（追加講習）	大阪市	151	—	—
6月12日～14日	長崎市	23	15	11
6月12日～14日	鳥取市	45	29	32
6月18日（追加講習）	相模原市	70	—	—
6月19日～21日	盛岡市	48	20	25
6月19日～21日	奈良市	59	60	33
6月25日～27日	岐阜市	55	57	58
6月26日～28日	帯広市	76	23	21
7月2日～4日	山形市	39	9	6
7月5日（追加講習）	小山市	44	—	—
7月9日（追加講習）	中野市	85	—	—
7月10日～12日	徳島市	50	32	22
7月12日（追加講習）	東京都港区	134	—	—
7月17日～19日	四日市市	59	60	38
7月17日～19日	郡山市	65	44	21
7月24日～26日	青森市	22	16	10
7月24日～26日	松江市	47	45	42
9月4日～6日	さいたま市	70	65	61
9月11日～13日	金沢市	68	70	57
9月13日（追加講習）	福山市	49	—	—
9月18日～20日	大阪市	86	91	90
9月25日（追加講習）	釧路市	77	—	—
9月25日～27日	高崎市	49	39	36
9月29日（追加講習）	名古屋市	81	—	—
9月29日（追加講習）	札幌市	42	—	—
10月7日（追加講習）	東京都港区	128	—	—
10月9日（追加講習）	東京都港区	—	32	—
10月10日（追加講習）	東京都港区	122	—	—
10月11日（追加講習）	東京都港区	—	—	31
10月9日～11日	高知市	29	19	12
10月16日～18日	長野市	43	28	30
10月16日（追加講習）	福井市	71	—	—
10月16日（追加講習）	広島市	56	—	—
10月17日（追加講習）	大阪市	167	—	—
10月24日（追加講習）	名古屋市	81	—	—
10月23日～25日	宇都宮市	42	34	21
10月25日（追加講習）	新居浜市	36	—	—
10月29日（追加講習）	富山市	19	—	—
10月30日（追加講習）	富山市	20	—	—
10月31日（追加講習）	四日市市	76	—	—
10月30日～11月1日	熊本市	48	35	41
11月6日～8日	大津市	56	49	22
11月6日（追加講習）	名古屋市	38	—	—
11月7日（追加講習）	名古屋市	40	—	—
11月8日（追加講習）	名古屋市	82	—	—
11月12日（追加講習）	福岡市	69	—	—
11月13日～15日	岡山市	75	57	42
11月19日～21日（追加講習）	大阪市	95	97	86
11月20日～22日	千葉市	75	38	35
11月27日（追加講習）	水戸市	59	—	—
11月27日～29日	鹿児島市	60	16	15
12月3日～5日	和歌山市	60	17	16
12月4日（追加講習）	富山市	20	—	—
12月5日（追加講習）	富山市	17	—	—
12月6日（追加講習）	富山市	15	—	—
12月11日～13日	那覇市	41	27	38
12月12日（追加講習）	岐阜市	100	—	—
12月17日（追加講習）	高松市	77	—	—
12月18日～20日	横浜市	135	41	31
12月20日（追加講習）	大阪市	159	—	—
2020年1月8日～10日	東京都港区	136	52	35
1月15日～17日	浜松市	57	19	13
1月22日（追加講習）	長野市	55	—	—
1月22日～24日	広島市	67	69	39
1月23日（追加講習）	仙台市	27	—	—
1月29日～31日	佐賀市	118	45	23
1月30日（追加講習）	三沢市	52	—	—
2月5日～7日	名古屋市	129	90	49
2月6日～7日（追加講習）	金沢市	83	28	—

2月13日（追加講習）	岡 山 市	80	―	―
2月13日（追加講習）	東京都港区	129	―	―
2月14日（追加講習）	神 戸 市	129	―	―
2月18日～20日	松 山 市	61	34	31
2月19日～21日	大 分 市	66	22	12
2月26日（追加講習）	仙 台 市	28	―	―
2月27日（追加講習）	富 山 市	15	―	―
2月28日（追加講習）	富 山 市	18	―	―
2月28日（追加講習）	和歌山市	66	―	―
3月3日（追加講習）	京 都 市	117	―	―
3月4日（追加講習）	大 阪 市	150	―	―
3月4日（追加講習）	岡 山 市	60	―	―
3月5日（追加講習）	広 島 市	44	―	―
3月6日（追加講習）	福 岡 市	120	―	―
合　　　計		6,352	2,063	1,609

3　成果向上支援事業

(1)　技能向上を支援する講習会の開催

　技能検定及び技能実習評価試験の上位級受検の支援として、特に実技試験の難度が高いとされる溶接、電子機器組立ての2職種について、随時3級・専門級受検を想定した技能実習生に対する上位級受検準備講習を富山で計11回開催し、延べ40名の参加があった。また、溶接職種については、外部機関実施の同種の講習への開催協力を行った（大阪で計1回開催、参加者9名）。

(2)　日本語指導に関するセミナー等の開催

①　日本語指導担当者実践セミナー等の開催

ア　日本語指導担当者実践セミナー

　監理団体等における日本語指導担当者の指導技術の向上を図るため、入国直後の講習期間における日本語指導の方法並びに講習後の継続学習等を中心とする日本語指導担当者実践セミナーを全国6ヶ所で8回開催し、236名の参加があった。

第2―12表　日本語指導担当者実践セミナーの開催状況

（単位：人）

回数	開催日	開催地	参加者数
第1回	2019年6月21日	東 京 都	38
第2回	10月25日	東 京 都	37
第3回	11月15日	仙 台 市	12
第4回	12月12日	名古屋市	28
第5回	12月13日	高 松 市	34
第6回	2020年1月16日	大 阪 市	25
第7回	1月17日	福 岡 市	25
第8回	2月21日	東 京 都	37
合　　　計			236

イ　日本語指導トピック別実践セミナー

　日本語指導担当者実践セミナー修了者を主たる対象者として日本語継続学習の指導方法、特に技能実習の現場での授業手法や日本語文法の指導方法等を目的とした日本語指導トピック別実践セミナーを当機構本部並びに名古屋で4回開催し、59名の参加があった。

第2―13表　日本語指導トピック別実践セミナーの開催状況

（単位：人）

回数	開催日	開催地	参加者数
第1回	2019年9月6日	東 京 都	23
第2回	9月6日	東 京 都	22
第3回	2020年2月7日	名古屋市	6
第4回	2月7日	名古屋市	8
合　　　計			59

ウ　日本語指導オンデマンド

　監理団体・実習実施者に対してセミナー等の内容を活用しつつ、先方のニーズに合わせてアレンジした講義内容を提供する講師派遣型の日本語指導オンデマンドを7社12回実施し、143名の参加があった。

②　「JITCO日本語教材ひろば」の活用

　インターネットを通じ国内外の日本語指導担当者に、日本語教材・素材及び日本語指導に関する情報等を提供しているシステム「JITCO日本語教材ひろば」の充実を図るとともに、各種セミナーにおいて具体的な活用方法について周知した。システムへのアクセス件数は102,481件であった。

③　日本語指導に関する支援・相談

　監理団体等からの日本語指導に関する個々の相談に電話やメール等で応じ、実習現場での効果的な日本語教育の支援を行うとともに、日本語教育の重要性を広く周知した。

4　技能実習生保護事業

(1)　技能実習生等に対する法令等の周知

　監理団体等が実施する技能実習生の法的保護に必要な情報に関する講習への支援を行うため、入管法令や労働関係法令等に精通した専門講師1,523名（入管法令等783名、労働関係法令等740名）を監理団体等に派遣した。

(2)　安全衛生教育の推進

　技能実習生の危険、有害な作業に伴う労働災害等を防止し、また技能等を修得するために必要となる各種技能講習や特別教育の受講機会拡大に向け、講習実施

可能な教習機関の把握及びその周知等を行うとともに、技能実習生が技能等を修得するために必要となる特別教育の受講に際し、講師を派遣した（富山で9回開催57名参加、東京で2回開催5名参加）。

(3) 技能実習生に対する母国語情報提供

① 「技能実習生の友」の配布

技能実習生に対する母国語による情報提供の一環として、技能実習生向け冊子「技能実習生の友」（中国語、インドネシア語、ベトナム語、タイ語、フィリピン語、カンボジア語、ミャンマー語、モンゴル語、英語の9言語）を年4回発行し、監理団体・実習実施者等を通じて技能実習生へ配布した（平均約65,000部／回）。また、PC・スマートフォン・タブレット端末からの閲覧にも対応したウェブサイト版「技能実習生の友」を隔月（奇数月）に更新した。

② 母国語表記の教材の作成・提供

技能実習生や特定技能外国人が日本で生活するうえで役立つ母国語表記の各種教材を作成し、提供した。

(4) 技能実習生に対する補償対策

日本在留中に死亡した技能実習生の遺族に弔意を表すために、死亡弔慰金を支給した。

第3章　調査・資料収集

1　技能実習制度等の運営実態や関連する法令等に関する協議・情報収集

(1) 海外関係機関との連携及び協議、情報の収集・提供

① 送出し国在京大使館との意見交換

2020年1月、当機構にて在京大使館関係者との交流会を開催した。関係者10ヶ国29名が参加し、技能実習制度、特定技能制度を巡って幅広く意見・情報交換を行った。

また、2019年10月、中国大使館、中国中資（マカオ）職業紹介所協会と意見交換を行った他、各国大使館・関係機関と、技能実習制度、特定技能制度における制度の現状や送出国側の規制や手続等について、情報・意見交換を積極的に実施した。

② 送出し国情報の収集・提供

送出し国政府窓口との連携や送出機関との交流を通じて収集した詳細な情報を、監理団体からの要請に応じて積極的に提供した。

2019年4月名古屋、11月大阪、2020年1月東京、岡山、2月広島で、監理団体等を対象とした送出し国事情についての説明会を実施した。

また、2019年9月インドネシア労働省、海外労働者派遣・保護庁及び在京大使館による「労働分野に関するビジネスフォーラム」（松山市）の開催に協力し、日本側約110名が参加した。先方からは、インドネシア労働者の人材育成への取組みや特定技能で導入する労働市場情報システム（IPKOL）について説明がなされ、当機構からは、特定技能において両国に期待されること等について説明を行った。

2019年10月来日したキルギス外務大臣臨席のもと、在京大使館主催「キルギス人材フォーラム」の開催に協力し、日本側約90名が参加した。外務大臣の講演の後、進出日本企業等からキルギスにおける一般情報や日本語教育事情等について講演があった。

その他、各国大使館等が主催するセミナー等で講演等を行うとともに、各国事情に関する情報収集を行い、その後監理団体に情報提供した。

③ 送出機関と監理団体等との情報交換会等の開催への協力

2019年5月、当機構は、ウズベキスタン雇用・労働関係省及び在京大使館が当機構本部にて開催したウズベキスタン技能実習フォーラムを後援した。ウズベキスタン側から約70名、日本側から約50名が参加し、ウズベキスタン側の送出し準備状況等に関する講演が行われた後に、両国参加者の相互理解を深める交流会が行われた。

2019年7月、インドネシア大使館主催のビジネスミーティングが行われ、当機構からも参加した。インドネシア側約20名、日本側等約20名が参加し、特定技能外国人の送出し・受入れについて意見交換を行った。

2019年11月、当機構は、在大阪・神戸インド総領事館がインド技能開発起業促進省及び全国技能開発公社とともに大阪商工会議所共催のもと開催した技能実習制度セミナーを後援した。日本側約130名、インド側約50名の参加のもと、技能実習生送出し状況についての講演及びビジネスマッチングが行われた。

2020年2月、当機構は、パキスタン大使館が大使館にて開催した人材フォーラムを後援した。パキスタン側の関係者約30名、日本側参加者約10名の参加のもと、認定送出機関より送出し業務について説明があり、その後意見交換が行われた。

ウズベキスタン技能実習フォーラム（5月）

インドネシアビジネスフォーラム（9月）

パキスタン人材フォーラム（2020年2月）

④ 送出機関からの情報収集の実施

　　2019年12月、インドのデリー等4都市で6社の送出機関を視察し、技能実習生の送出準備状況について情報収集を行った。加えてインド北東部のマニプール州にて州政府と意見交換を行った上で私立看護学校の視察を行い同地域の技能実習生候補者について情報収集を行った。

(2) 関係機関との連携及び協議、情報の収集・提供

① 連絡協議会・監理団体等との連携及び情報交換

ア 中央・地方連絡協議会との連携

　　外国人技能実習生受入れ団体中央連絡協議会との連絡会及び地方連絡協議会の総会等に出席し、情報・意見交換等を行った。

イ 監理団体等との地域情報交換会

　　監理団体等との地域情報交換会を15回開催し、技能実習制度等に関する情報を提供するととも

に、監理団体・実習実施者同士の情報交換の場を提供した。

② 行政機関等との連携による多文化共生の推進に係る情報の収集

　　多文化共生に関する国や地方自治体の取組み等の情報収集を行った。

2 技能実習や特定技能等の外国人材の受入れ制度の運営実態等に関する調査

　　技能実習制度に関する好事例を収集し、ホームページや総合情報誌「かけはし」で公表した。

第4章　その他の事業

1 技能実習生及び監理団体・実習実施者への評価付与、認定支援事業

(1) 技能実習1号から技能実習2号への移行評価の実施

① 修得技能等の評価

　　行政機関からの委託がなかったため、本年度は実施しなかった。

② 技能実習計画の作成支援

　　監理団体・実習実施者に対し、技能実習計画の作成に関する助言を行った。

③ 技能実習移行対象職種・作業の範囲の周知

　　技能実習移行対象職種・作業の範囲等について、技能実習計画の策定を支援するため、ホームページ等で周知を行った。

(2) 技能実習移行対象職種の拡大支援

　　送出し国や関係者のニーズに的確に対応するため、技能実習移行対象職種への新規追加の申請を目指す機関からの相談に応じ、助言等の支援を行うことで、技能実習移行対象職種の拡大支援に取り組んだ。

　　また、作業の追加を希望する試験実施機関等に対し、申請準備に係る助言等の支援を行った。

(3) 技能実習生受入れ事業の評価・認定

　　監理団体等からの要望がなかったため、本年度は実施しなかった。

(4) 技能実習生の技能修得の促進

① 修得技能等の評価

　　技能実習の成果を確実なものにする観点から、実習実施者に対し、技能実習生のモチベーション向上に有効な指導評価システムの構築を支援するとともに、技能移転が職場レベルで着実に実施されるよう、必要な助言等を行った。

② 技能実習修了者に対する修了証書の交付

　　行政機関からの委託がなかったため、本年度は実施しなかった。

2 技能実習生・研修生の日本語作文コンクールの表彰と支援

(1) 日本語作文コンクールの実施

技能実習生等の日本語能力の向上を目的として、日本語作文コンクールを実施し、応募総数は2,556編に上った。2019年10月に開催したJITCO交流大会において、最優秀賞（4編）、優秀賞（4編）、優良賞（20編）の表彰を行うとともに、最優秀賞受賞者による作品の朗読発表を行った。また、これらの受賞作品に加え、佳作に選ばれた作品（22編）を掲載した「外国人技能実習生・研修生日本語作文コンクール優秀作品集」を作成し、関係者に配布した。

第2-14表　第27回日本語作文コンクール入賞者一覧

☆最優秀賞（4人）

氏　名	作品タイトル	国籍／職種	実習実施機関名	監理団体名
アベサミス チャルス アルチャガ	乾杯	フィリピン／とび	株式会社河建	協同組合J＆J田原
徐　静	女性	中国／介護	社会福祉法人同塵会	ＰＮＪ事業協同組合
李　冬杰	立派な先輩	中国／電子機器組立て	パナソニックライフソリューションズ電材三重株式会社	ＥＬＣ事業協同組合
陳　爽	夢がかないました	中国／塗装	株式会社柴田技研工業	共進協同組合

☆優秀賞（4人）

氏　名	作品タイトル	国籍／職種	実習実施機関名	監理団体名
グエン ティ ラン トゥー	異国に居るという自覚	ベトナム／食鳥処理加工業	株式会社エヌチキン	公益財団法人国際労務管理財団
简　雪梅	私の太陽	中国／介護	有限会社メープルウェルフェアーサービス	宮崎ウッド事業協同組合
ルハグワドルジ ナンディンエルデネ	シュークリームから学んだ工場長の教え	モンゴル／機械検査	藤田螺子工業株式会社	九州コンストラクチャーズ協同組合
谭　瑞	笑顔	中国／電子機器組立て	旭電器工業株式会社	ＥＬＣ事業協同組合

☆優良賞（20人）

氏　名	作品タイトル	国籍／職種	実習実施機関名	監理団体名
唐　冠禹	夢の樹	中国／プラスチック成形	城東テクノ株式会社	房総振興協同組合
郑　雅文	お祖父ちゃん、ごめん	中国／介護	社会福祉法人同塵会	ＰＮＪ事業協同組合
ガルシア カーロマル ラザロ	令和を迎えて	フィリピン／とび	株式会社河建	協同組合J＆J田原
レー ティ ヒエン	時間をぜったいに守る習慣	ベトナム／そう菜製造業	東洋ワーク株式会社	公益財団法人国際労務管理財団
ネアン テット	日本での日々体験記	カンボジア／耕種農業	興梠農園	阿蘇農業協同組合
バダムドブチド ムンフズル	未来は創るもの	モンゴル／機械検査	藤田螺子工業株式会社	九州ネット協同組合
トン ティ フエ	お父さんの汗	ベトナム／家具製作	株式会社増田桐箱店	協同組合福岡情報ビジネス
潘　培進	言葉の力	中国／介護	社会福祉法人同塵会	ＰＮＪ事業協同組合
梁　恩廷	おばちゃん ありがとう	中国／プラスチック成形	株式会社土田化学	情報ベンチャー協同組合
马　微微	幸福について	中国／耕種農業	藤原園芸	関東経営合理化協同組合
孫　平	自分の家族に食べさせる以上の思いで作るパン	中国／パン製造	株式会社ミックコーポレーション	中部ＥＳＣＯ産業協同組合
ディン ティ ニュー クイン	初めてのアイススケート	ベトナム／そう菜製造業	株式会社ウジエデリカ	東西商工協同組合
狄　佳	あなたがいるから	中国／電子機器組立て	旭電器工業株式会社	ＥＬＣ事業協同組合
グエン ティ フォン	お爺さんへ	ベトナム／電子機器組立て	クロイ電機株式会社	関西経友会事業協同組合
刘　莉	初心を忘れずに終わりまで	中国／紙器・段ボール箱製造	有限会社ソノダ	オービーシー協同組合

姜　岩松	夢への架け橋	中国／介護	株式会社レイクス２１	ＰＮＪ事業協同組合
韓　雅静	両岸で花咲かせ	中国／加熱性水産加工食品製造業	株式会社白老フーズ	渡島国際交流事業協同組合
陸　思彤	異国の温情	中国／プラスチック成形	テイ・エステック株式会社	ＥＬＣ事業協同組合
レ ティ マイ	最高の日本生活	ベトナム／機械検査	株式会社屋根技術研究所	協同組合ロジテック愛知
グエン トゥイ フォン	両親の隣に	ベトナム／工業包装	ＰＸＣ株式会社	東京中小企業経友会事業協同組合

⑵　JITCO 交流大会の開催

　　技能実習制度の更なる成果向上及び適正化推進と監理団体・実習実施者等との情報共有を図るため、2019年10月に JITCO 交流大会を開催し、245名の参加があった。同大会では、技能実習・研修状況について報告を行ったほか、外国人技能実習機構等による講演があった。

日本語作文コンクール表彰

交流大会2019

八木理事長による開会の挨拶　　新島専務理事による報告

3　広報啓発推進事業

⑴　各種パンフレット・ガイドブック等及び白書の出版

　①　各種パンフレット・ガイドブック等

　　技能実習制度の正しい理解と受入れ事業の適正実施の啓発に努めるため、「JITCO 総合パンフレット」、ガイドブック「技能実習生の労務管理に係る各種法令の正しい理解のために」等を広く配布・周知した。

2019年度各種無料教材・パンフレット一覧

1　制度及び JITCO の概要

JITCO 総合パンフレット	外国人技能実習・研修制度及び JITCO の機能と役割について全般的に解説したもの

2　技能実習・研修の適正な実施

技能実習生の労務管理に係る各種法令の正しい理解のために	技能実習生に係る労働関係法令、労働・社会保険関係法令、労働契約等についてまとめたもの

3　健康で安全な技能実習・研修の実施

技能実習実施機関向け　脳・心臓疾患による死亡（過労死等）防止対策チェックシート	技能実習生向けに、脳・心臓疾患による死亡（過労死等）を防止するために技能実習生が留意すべき項目をまとめたチェックリスト（注１）【英・中・イ・ベ・タ・タガ・モ・ミ・ラ・ひ】

メンタルヘルスガイドブック こころの健康　みんなの笑顔	心とからだの自己診断表を活用し、技能実習生の心の健康状態を的確に把握し、より実践的に対応するためのマニュアル（注1）【英・中・イ・ベ・フ・タ・ひ】
心とからだの自己診断表	技能実習生が現在の心とからだの状況を自己点検し、生活指導員等に伝えるためのチェックリスト（注1）【英・中・イ・ベ・タ・タガ・モ・カ・ひ】
医療機関への自己申告表・補助問診票	技能実習生が医療機関を受診する際に、窓口への申告事項や症状を医師に伝えるのに役立つ日本語対訳形式の申告表（注1）【英・中・イ・ベ・タ・タガ・モ・ラ・カ・ネ・ミ】
実習実施機関用自主点検表 〈安全・健康・生活管理〉	技能実習生の安全・健康・生活管理について実習実施機関が留意すべき項目をまとめたチェックリスト
アーク溶接作業における外国人技能実習生の労働災害防止対策（実習実施機関向け）	監理団体・実習実施機関の技能実習指導員向けにアーク溶接作業における技能実習生の労働災害を防ぐための対策を解説したマニュアル
研削盤（グラインダ・サンダー等）作業に係る労働災害防止対策（実習実施機関向け）	監理団体・実習実施機関の技能実習指導員向けに研削盤作業（グラインダ・サンダー等）作業における技能実習生の労働災害を防ぐための対策を解説したマニュアル
技能実習生の皆様へ　溶接作業等の災害防止についてのお知らせです	溶接作業に携わる技能実習生向けに作業中の災害防止について解説したリーフレット（注1）【英・中・イ・ベ・タ・ひ】
耕種農業職種に従事する外国人技能実習生の安全と健康確保に向けて	監理団体・実習実施機関向け及び技能実習生向けに、耕種農業における技能実習生の作業の安全・健康確保に向けた対策を解説したリーフレット（注1）【英・中・イ・タガ・ベ・ラ・タ・ひ】
畜産農業職種に従事する外国人技能実習生の安全と健康確保に向けて	監理団体・実習実施機関向け及び技能実習生向けに、畜産農業における技能実習生の作業の安全・健康確保に向けた対策を解説したリーフレット（注1）【英・中・イ・タガ・ベ・タ・ひ】
金属製品製造業における外国人技能実習生の安全と健康確保に向けて	監理団体・実習実施機関向け及び技能実習生向けに、金属製品製造業における技能実習生の作業の安全・健康確保に向けた対策を解説したリーフレット（注1）【英・中・イ・フ・ベ・タ・ひ】
技能実習生が建設作業を安全に行うための第一歩	監理団体・実習実施機関向け及び技能実習生向けに、建設業における技能実習生の作業の安全・健康確保に向けた対策を解説したリーフレット（注1）【英・中・イ・フ・ベ・タ・ひ】
食品製造業に従事する技能実習生の安全・健康の確保	監理団体・実習実施機関向け及び技能実習生向けに、食品製造業における技能実習生の作業の安全・健康確保に向けた対策を解説したリーフレット（注1）【英・中・イ・フ・ベ・タ・ミ・カ・ひ】
溶接職種に従事する技能実習生の安全・健康の確保	監理団体・実習実施機関向け及び技能実習生向けに、溶接職種における技能実習生の作業の安全・健康確保に向けた対策を解説したリーフレット（注2）【英・中・イ・フ・ベ・タ・ミ・カ・ひ】
外国人技能実習生と労災保険	事業主向けに労災保険の給付内容等を解説したもの(PDF)
自転車の通行等に関するルールのちらし	自転車運行のルールを解説したちらし（注1）【英・中・イ・ベ・タ・ひ】
外国人技能実習生と労働・社会保険Q＆A	労働保険・社会保険の適用に関する基本的な事項や監理団体・実習実施機関の担当者からの主な質問についての回答をまとめたもの

4　JITCO のテキスト・教材

JITCO 教材のご案内	JITCO が販売している教材を写真入りで紹介したもの

5 送出し機関支援ガイド

送出し機関の送出しマニュアル	技能実習生の選抜、派遣前教育、出国手続、日本滞在中のケア、帰国受入れ等の送出し業務全般について、海外の送出し機関向けに、標準的な手引書としてまとめたもの（注1）【英・中】（HPからのダウンロード可）

6 JITCO賛助会員制度

賛助会員入会のおすすめ	賛助会員の特典、年会費、申込み方法等について解説したもの

7 日本語教育支援

講習の日本語指導ガイド	講習の日本語指導についての基本的な考え方、効果的な授業の進め方等指導のポイントをまとめたもの
「わかりやすい日本語」の話し方	日本語に慣れない技能実習生・研修生たちと話をする時、どのように話したら理解してもらえるのか、その話し方のコツをまとめたもの
外国人技能実習生・研修生日本語作文コンクール優秀作品集	日本語作文コンクールで選ばれた最優秀賞、優秀賞、優良賞及び佳作作品を優秀作品集としておさめたもの

8 その他

技能実習生手帳	技能実習生の心構え、生活・衛生面における情報、労働関係法令、健康・安全管理の基本等をまとめた日本語対訳形式の冊子（注1）【英・中・イ・ベ・タ・フ・カ・ミ・モ】
講習記録	講習を実施する監理団体等が「技能実習1号」における講習の実施状況を記録することを目的として作成されるもの（HPからのダウンロードのみ）
技能実習記録（講習記録付）	実習実施機関が技能実習の実施状況を記録し、技能実習計画に沿った適正な技能実習が行われているかを自らチェックするとともに、地方入国管理局やJITCOの調査、又は在留状況等の評価を受ける際の説明資料として使用することを目的としたもの（HPからのダウンロードのみ）

注1　各国語版も作成している場合は以下の注あり（注がないものは日本語版のみ作成）。【英】英語、【中】中国語、【イ】インドネシア語、【ベ】ベトナム語、【タ】タイ語、【フ】フィリピン語、【タガ】タガログ語、【モ】モンゴル語、【ミ】ミャンマー語、【カ】カンボジア語、【ラ】ラオス語、【ネ】ネパール語、【ひ】日本語ひらがな
　　2　上記一覧は2019年度のもの。最新情報はHPの「ガイドブック・パンフレット」コーナーに掲載

② JITCO白書
　当機構の各種支援等の推進状況や技能実習制度等の動向を取りまとめた「2019年度版外国人技能実習・研修事業実施状況報告（JITCO白書）」を3,700部作成し、監理団体等へ配布した。

(2) 総合情報誌「かけはし」の発行
　技能実習生等の円滑な受入れ等に資することを目的として、総合情報誌「かけはし」を年4回発行し（平

均約36,000部／回）、監理団体・実習実施者等に配布した。

⑶ ホームページの管理運営及び迅速かつ広範な情報提供

　監理団体、実習実施者、登録支援機関、特定技能所属機関、送出機関、技能実習生等の制度関係者のみならず、広範な対象者に向けて、当機構の役割・事業や技能実習、特定技能等の制度に関する重要な情報を日本語・英語・中国語により提供した。

⑷ 教材等の刊行・提供

　新刊教材として「特定技能入国・在留諸申請及び諸届記載例集」「特定技能外国人受入れに関する運用要領」など特定技能関連4種類の教材を制作した。さらに、「技能実習レベルアップシリーズ」を新たに立ち上げ、第一弾として「溶接」を発刊した。また、既存教材の増刷はのべ115種となり、新刊・改訂版を含め322種類の教材を販売した。

2019年度 JITCO ホームページ項目別ページビュー数
（上位10位）

順位	項　　目	
1位	トップページ(日本語版)	1,080,536
2位	外国人技能実習制度とは	271,293
3位	在留資格「特定技能」とは	205,418
4位	養成講習	137,938
5位	賛助会員用ページ	129,834
6位	技能実習の職種・作業の範囲について	86,150
7位	教材・テキスト販売	67,592
8位	外国人技能実習制度とは-送出し国・送出機関とは	64,131
9位	国際研修協力機構とは	59,055
10位	本部・地方駐在事務所 所在地	45,514
	JITCO ホームページアクセス総数	3,588,969

JITCO 有料教材等一覧

1 適正かつ円滑な受入れに必要な教材集

入門解説 技能実習制度	技能実習法や技能実習法施行規則など技能実習法令の概要、技能実習生の要件、監理団体・実習実施者（企業等）の要件等について解説した、技能実習制度を理解するための基本書
技能実習制度 運用要領	技能実習制度運用要領の一部改正（2018年6月8日改正）を盛り込んだもので、技能実習制度の運営に必要な法律・規則（法務省・厚生労働省令）等の解釈を示すとともに、用語の解説や制度運用上の留意事項を明らかにするもの
外国人技能実習生の受入れQ＆A（第1版）	技能実習法その他の関係法令を基に、外国人技能実習制度と外国人技能実習生の受入れについて「Q＆A方式」により、多岐にわたる規定を体系的に説明したもの
外国人技能実習生の受入れQ＆A（第2版）	第1版に対し、新たに法務大臣及び厚生労働大臣より告示された「特定職種（介護、漁船漁業・養殖業及び自動車整備）」について、事業所管大臣告示基準の詳細な解説を追加したもの
特定技能外国人受入れに関する運用要領Ⅰ	法務省が公表する「特定技能外国人受入れに関する運用要領」の「要領本体」と「支援に係る要領別冊」を印刷・製本したもの
特定技能外国人受入れに関する運用要領Ⅱ	法務省が公表する「特定技能外国人受入れに関する運用要領」の「特定の分野に係る要領別冊」を印刷・製本したもの

2 申請・届出に必要な「書式」・「様式」集

（第Ⅰ分冊）監理団体許可関係諸申請	監理団体が監理団体の許可に関して外国人技能実習機構に提出する各種様式と記載例を掲載したもの
（第Ⅱ分冊）技能実習計画認定関係諸申請（第2版）	実習実施者が技能実習計画認定に関して外国人技能実習機構に提出する各種様式と記載例を掲載したもの
（第Ⅲ分冊）外国人技能実習機構への届出、報告、記録関係様式	認定された技能実習計画に変更が生じた場合に外国人技能実習機構に提出する変更届出書、定期的な報告が求められる様式、記録として備付け・保存が義務付けられている様式などの記載例を掲載したもの

（第Ⅳ分冊）地方出入国在留管理局への入国・在留諸申請及び諸届	監理団体が在留資格認定証明書交付申請、在留資格変更許可申請、諸届などに関して地方出入国在留管理局に提出する各種様式と記載例を掲載したもの
申請書類の記載例集 企業単独型技能実習	実習実施者が企業単独型における技能実習生を受け入れるにあたり、その段階ごとに外国人技能実習機構または地方入国管理局に提出することが求められる書類の記載例と記載上の留意点を解説
技能実習日誌（認定計画に係る管理簿・入国後講習実施記録付）	この「技能実習日誌」と「入国後講習実施記録」は、技能実習生に従事させた業務内容や指導の内容を日々記録するもので、「認定計画の履行状況に係る管理簿」は、技能実習の進捗状況、日本語の修得状況、生活状況等について毎月記録し、履行状況を管理するもの
特定技能　入国・在留諸申請及び諸届　記載例集	特定技能外国人受入れに関する運用要領に基づき、各種書類の記載例を示したもの。JITCO で取り扱った在留資格「特定技能」に係る点検・取次実績を参考に、記載上の注意事項や留意点を示すとともに、実務に即した分かりやすい手順や内容とした

3　技能実習生の我が国での生活指導教材集

日本の生活案内	技能実習生が日本の生活に早く適応するために最低限知らなければならない情報、住宅の利用法、食事のエチケット、ゴミの出し方、買物の注意等の生活ルール、社会マナーを具体的に絵入りでまとめた技能実習生の必携書。日本語との対訳形式で12ヶ国語版（中国語、英語、ベトナム語、インドネシア語、タイ語、フィリピン語、ミャンマー語、カンボジア語、モンゴル語、ラオス語、シンハラ語、ネパール語）がある
日本の出入国管理及び技能実習制度の概要テキスト	技能実習生の法的保護に必要な情報の講義に使用するテキスト。出入国管理行政や適法に在留するための基本知識、技能実習制度、不正行為の具体的事例や不正行為への対応などについて具体的かつ分かりやすく解説したもの。日本語との対訳形式で12ヶ国語版（中国語、英語、ベトナム語、インドネシア語、タイ語、フィリピン語、ミャンマー語、カンボジア語、モンゴル語、ラオス語、シンハラ語、ネパール語）がある
労働関係法令等テキスト（第3版）	技能実習生の法的保護に必要な情報の講義に使用するテキスト。労働基準法や最低賃金法、労働安全衛生法など労働関係法をふまえて雇用契約、労働時間、最低賃金、安全衛生、労災保険などの基本知識を具体的かつ分かりやすく解説したもの。日本語との対訳形式で12ヶ国語版（中国語、英語、ベトナム語、インドネシア語、タイ語、フィリピン語、ミャンマー語、カンボジア語、モンゴル語、ラオス語、シンハラ語、ネパール語）がある
漁船漁業実習の技能実習生に係る労働関係法令	漁船漁業の実習を行う技能実習生に適用される労働関係法令は、船という隔離された狭い空間・実習（作業）時間以外の拘束性・自然環境などの特殊性から、船員法の適用となる。本書は、船員法の適用を受けない場合や船員法が適用される場合の労働条件等の法令の内容を解説したもの

4　技能実習生への日本語教育教材集

外国人技能実習生のための日本語〔生活基礎編〕〔日常生活編〕	技能実習生が地域社会で生活し、周囲の人々と日常生活における必要最小限のコミュニケーションができるようになることを目標に、基本的な項目に限定してまとめた。図やイラストを多用して、具体的で分かりやすく学習内容を示した

外国人研修生のための日本語（一般用語集）	ジャンルごとに約1,000語の単語を、イラスト入りでまとめた用語集。日本語との対訳形式で2ヶ国語版（中国語、インドネシア語）を刊行
外国人技能実習生の日本語〔実習現場編〕（技能実習生用）（指導員用）（練習問題集）	実習現場で技能実習を行いながら日本語を学習する技能実習生のためのもの。日本語だけでなく、「技能実習生の生活ルール」や「安全衛生」「地域との共生」などに必要なことも学べる。5職種の会話を掲載するとともに、巻末には日本語との8ヵ国語の語彙集（約640語）を収録した
どうぞよろしく（来日前研修編）テキスト／CD	来日前に日本語の文字とコミュニケーションの基礎力を楽しくつけることができるように構成されたもの。添付CDは2ヶ国語版（中国語、インドネシア語）がある（英語版は完売のため販売終了）
技能実習生のための日本語 はじめの力だめし（技能実習生向け）	入国前後の技能実習生の日本語の力をチェックするためのテスト形式の問題集。解答方法等を6ヶ国語で説明（日本語、中国語、英語、ベトナム語、インドネシア語、タイ語）
技能実習生のための日本語はじめの力だめし（指導員向け／マニュアル・CD付）	上記「技能実習生向け」教材を効果的に活用するための指導員向けマニュアル。「聞く」問題に使用するCDが付いている
技能実習生のための日本語運用力確認シート	技能実習生に必要な日本語運用力を面接形式で確認するもの。通訳なしで使用できるように6ヶ国語の説明付（中国語、英語、ベトナム語、インドネシア語、フィリピン語、タイ語）

5　技能実習テキスト集

技能実習レベルアップシリーズ	既存の職種別研修／技能実習テキストを大幅改訂して誕生した新シリーズ。1号技能実習生ばかりでなく、2号技能実習生までの要素を網羅。さらに、3号技能実習生が現場で学ぶべき内容も加えた。「特定技能」での来日者にも対応する
職種別研修／技能実習テキスト	技能実習生が指導を受ける際の具体的な作業手順や技能の要点をまとめたもの。12職種13種（日本語12種、中国語1種）がある
復刻版トレーニングテキスト	この復刻版は、「トレーニングテキストCD版」を、本文はそのままの状態で製本したもので、技能実習生が指導を受ける際の具体的な作業手順や技能の要点をまとめたもの。19職種（日本語）がある
トレーニングテキスト（CD版）	技能実習生が指導を受ける際の具体的な作業手順や技能の要点をまとめたもの。（「トレーニングテキスト（旧称）」は現行の「職種別研修／技能実習テキスト」に連なる同系列のテキスト）。20職種23種がある（日本語5種、中国語18種）
外国人技能実習生のための専門用語対訳集	実務研修を行う作業現場で必要となる職種別の専門用語をまとめたもので、中国語（25職種）、インドネシア語（17職種）、ベトナム語（22職種）、フィリピン語（17職種）、ミャンマー語（10職種）、カンボジア語（8職種）及びモンゴル語、ラオス語、シンハラ語、ネパール語（各2種類）。職種別24職種および職種共通用2種

※○○職種○○種とは、1職種に複数の言語（例　中国語、英語）で作成した場合、1職種2種と表記する。

6　健康と安全の確保のための教材集

外国人技能実習における健康管理のしおり	日本での生活で起こすと考えられる健康障害をどのように防止すればよいか解説したもので、日本語との対訳形式で4ヶ国語版（中国語、英語、インドネシア語、ベトナム語）がある
安全衛生管理のしおり	ケガや病気に遭わず、技能実習をすすめるために必要なルール、知識について基本的な項目をまとめたもので、日本語との対訳形式で4ヶ国語版（中国語、英語、インドネシア語、ベトナム語）がある
外国人技能実習生実習実施機関のためのメンタルヘルスハンドブック	異国で生活する技能実習生の中にはストレスを抱えている場合もあります。JITCOメンタルヘルスアドバイザーによる相談等の実績を踏まえたメンタルヘルスについての手引書

〔DVD〕ルールを守って安全健康	職場ルールの重要さや日本の安全文化、自分で行う健康管理やコミュニケーションの基本であるあいさつの大切さを紹介。DVD 5ヶ国語版(日本語、中国語、英語、インドネシア語、ベトナム語)がある
〔DVD〕日本における正しい自転車の乗り方	わき見運転や歩行者無視の自転車事故の再現や正しい自転車の乗り方、交通事故時の対応などを紹介。DVD 4ヶ国語版(中国語、英語、インドネシア語、ベトナム語)がある
〔DVD〕交通事故死は防げる－自分で守ろう自分の命	交差点での信号無視による自転車事故、夜道でのヒヤリ体験や日本の交通ルールの基本、ルール遵守のみならず、自分から注意する事柄などを紹介。DVD 4ヶ国語版(中国語、英語、インドネシア語、ベトナム語)がある
〔DVD〕実りある研修・実習は健康管理から～充実した研修・実習のために	先輩技能実習生の体験談（言葉や習慣の違う日本で困ったこと）や健康な体を保つためのポイントなどを紹介。DVD 4ヶ国語版(中国語、英語、インドネシア語、ベトナム語)がある
〔DVD〕あなたはいまげんきですか?～「そうだんしよう」	技能実習生に特有なこころの病気（原因と症状）やメンタル不調に陥りやすい時期、相談することの大切や良き人間関係の構築、ストレス発散等の予防方法を紹介。DVD版を新たに4ヶ国語版(中国語、英語、インドネシア語、ベトナム語)がある
〔DVD〕自分で守ろう！日々の健康	健康生活の原則であるバランスの良い食事のとり方、運動や散歩の楽しさ、人と積極的に話すことや相談の大切さなどを紹介。DVD版を新たに4ヶ国語版(中国語、英語、インドネシア語、ベトナム語)がある
アーク溶接等作業の安全	アーク溶接機を用いて行う金属の溶接、溶断等の業務に関する基礎知識を学習するとともに、アーク溶接装置の取扱いやアーク溶接等の作業の方法について、指導者向けに特別教育用テキストとしてとりまとめたもので、日本語との対訳形式で4ヶ国語版（中国語、英語、ベトナム語、インドネシア語）がある（2017年に中央労働災害防止協会が発行した日本語版第5版を翻訳したもの）
改訂グラインダ安全必携－研削といしの取替え・試運転関係特別教育用テキスト	グラインダ作業について、現場作業者のために機材の図や写真を多用してわかりやすく説き明かしたもので、単に研削といしの取替え又は取替え時の試運転業務の指導者向け特別教育用テキストにとどまらず、グラインダ作業の技術書としても有用。日本語との対訳形式で、中国語版のみ（英語版、インドネシア語版は完売のため、販売終了）
改訂粉じんによる疾病の防止－粉じん作業特別教育用テキスト	粉じん作業に従事する労働者が知っていなければならない最も重要なことがらを網羅し、指導者向けに特別教育用テキストとしてイラストを交えて簡潔明瞭にとりまとめたもので、日本語との対訳形式で、中国語版、英語版、インドネシア語版がある（ベトナム語版は完売のため販売終了）

7　その他

2019年度版 外国人実習・研修事業実施状況報告　JITCO白書	JITCOの事業実績等の年次報告として、研修・技能実習の動向やJITCOの指導・支援活動にかかる統計資料や報告について図表等を用いて取りまとめたもの

Ⅱ　共益事業

入国・在留関係申請書類等の点検・提出・取次ぎサービスの実施

(1)　申請書類の点検

　　監理団体等からの依頼に基づき、技能実習計画認定申請書類の正確な作成を支援するため、15,865件・46,918人の申請書類の点検を行った。その内訳は、第1号企業単独型技能実習291件・1,691人、第2号企業単独型技能実習111件・828人、第3号企業単独型技能実習31件・102人、第1号団体監理型技能実習7,332件・21,853人、第2号団体監理型技能実習6,592件・19,615人、第3号団体監理型技能実習1,508件・2,829人であった。

　　また、技能実習生等の入国・在留関係申請書類の正

確な作成を支援するため、68,889件・195,245人の申請書類の事前点検を行った。その内訳は、技能実習生・研修生については、在留資格認定証明書関係21,926件・63,127人、在留資格変更関係23,787件・70,305人、在留期間更新関係20,349件・55,930人、特定技能に係る在留資格認定証明書関係159件・493人、在留資格変更関係255件・626人、技能実習修了者（在留資格「特定活動」）については、在留資格認定証明書関係444件・994人、在留資格変更関係53件・78人、在留期間更新関係1,164件・2,899人であった。さらに、在留カードの再交付等関係が752件・793人であった。

(2) 申請書類の提出・取次ぎ

監理団体等からの依頼に基づき、外国人技能実習機構への技能実習計画認定申請を支援するため、15,865件・46,918人の申請書類の提出を行った。その内訳は、第1号企業単独型技能実習291件・1,691人、第2号企業単独型技能実習111件・828人、第3号企業単独型技能実習31件・102人、第1号団体監理型技能実習7,332件・21,853人、第2号団体監理型技能実習6,592件・19,615人、第3号団体監理型技能実習1,508件・2,829人であった。

また、監理団体等が行う地方入国管理局等への各種申請を支援するため、68,889件・195,245人の申請取次ぎを行った。その内訳は、技能実習生・研修生については、在留資格認定証明書関係21,926件・63,127人、在留資格変更関係23,787件・70,305人、在留期間更新関係20,349件・55,930人、特定技能に係る在留資格認定証明書関係が159件・493人、在留資格変更関係255件・626人、技能実習修了者（在留資格「特定活動」）については、在留資格認定証明書関係444件・994人、在留資格変更関係53件・78人、在留期間更新関係が1,164件・2,899人であった。さらに、在留カードの再交付等関係が752件・793人であった。

※ 2019年度外国人技能実習・研修に対するJITCO点検・提出・取次ぎに係る資料はP33からの統計資料集に掲載しています。

Ⅲ 収益事業

外国人技能実習生総合保険等の普及

技能実習生等が日常生活において負傷したり病気になったりした場合に、治療費のうち健康保険の自己負担部分を懸念することなく安心して技能実習等に専念できるようにするため、また、第三者への法律上の損害賠償及び死亡・危篤時の親族による渡航・滞在費用等の出費

に備えるため、外国人技能実習生総合保険等の周知を図った。

併せて、新たに開発した特定技能外国人向けの総合保険についても周知を行った。

外国人技能実習生総合保険等の加入状況

入国者数の増加傾向に伴い、加入者数は昨年度に引き続き増加した。新たに開発した特定技能外国人向けの総合保険の加入もスタートした。

保険加入者数の推移

（単位：人）

	2017年度	2018年度	2019年度
外国人研修生総合保険加入者数	719	598	534
外国人技能実習生総合保険加入者数	79,937	91,508	138,195
外国人技能実習修了者総合保険加入者数	1,987	2,083	2,609
特定技能外国人総合保険	—	—	791

Ⅳ 法人管理

公益財団としての管理運営業務の推進

(1) 公益財団の健全運営の推進

① 経営の健全化推進

内部監査等を通じ、各事業の効率的、効果的な運営に努めるとともに、機構内の組織改編を行い、公益法人としての経営の健全化を進めた。

② 事業の効率的な執行

職員の能力を発揮させるための方策の推進と職場管理の徹底及び人材の有効活用に努め、効率的な事業の推進を図った。

③ 事務の簡素・合理化の推進

各規程類の整備を行い、事務の簡素化・合理化を進めた。

④ 国への要望

各種会議の場や関係行政機関との意見交換等を通じ、事業の健全な推進に必要な制度に関して要望した。

(2) 公益財団の管理運営

① 理事会の開催

ア 第29回理事会

2019年6月6日に開催し、2018年度（平成30年度）事業報告の承認、2018年度（平成30年度）決算の承認、賛助会員規則の改正、評議員会の招集の

決定について議決した。また、代表理事・業務執行理事の職務の執行の状況、賛助会員の新規会員について報告した。

イ　第30回理事会

2019年6月25日に開催し、代表理事の選定、定例役員報酬の役職級の決定、退職慰労金の額の決定について議決した。また、賛助会員の新規会員について報告した。

ウ　第31回理事会

2020年1月16日に開催し、評議員会の招集（名称変更に伴う定款変更について）、賛助会員規則の改定について議決した。また、賛助会員の新規会員について報告した。

エ　第32回理事会

2020年3月23日に開催し、2020年度（令和2年度）事業計画及び予算の承認について議決した。また、2019年度（平成31年度・令和元年度）決算見込み、代表理事・業務執行理事の職務の執行の状況、賛助会員の新規会員について報告した。

② 評議員会の開催

ア　第14回評議員会

2019年6月25日に開催し、2018年度（平成30年度）決算の承認、評議員の選任、役員の選任について議決した。また、2018年度（平成30年度）事業報告、2019年度（平成31年度）事業計画及び予算について報告した。

イ　第15回評議員会

2020年1月24日に開催し、法人名称を2020年4月1日より「公益財団法人　国際人材協力機構」に変更することとする定款変更について議決した。

③ 監査法人による外部監査の実施

会計の健全性と透明性を確保するため監査法人による外部監査を実施した。

④ JITCO設立30周年記念事業の検討

2021年のJITCO設立30周年に向け、記念事業の実施内容につき検討を行った。

(3) 公益財団の事業推進体制の整備

① 情報セキュリティ対策の推進

情報セキュリティ対策の一環として、全職員を対象に「個人情報保護マネジメントシステム」についての教育を実施し、個人情報保護法及びJIS規格に準拠した情報セキュリティの運用を推進した。

② JITCO基幹業務システム等の安定稼働と機能改善の推進

情報システム基盤の整備として、機構内の全PCについて、Windows 7のサポート終了に伴い、Windows10への移行を実施した。また、JITCO基幹業務システムについて、旧ソフトウェアから新ソフトウェアへのデータベース移行を行い、運用を開始した。更に、監理団体等の業務全般を支援するJITCO総合支援システムに継続して機能拡張・改善を行い、利用の促進を図った。

③ 職員研修の実施

新卒採用職員に対する「ビジネス基礎研修」を外部機関に委託し、新卒採用職員の資質の向上に努めた。

④ 本部・地方駐在事務所の体制整備

本部及び地方駐在事務所について、業務量等を考慮した適切な人員配置を行うとともに、相談来訪者が利用しやすい環境を整備した。

(4) 賛助会員管理体制の整備

2019年度末の賛助会員数は企業・個人、団体、を合わせて2,274先（うち企業・個人会員392先、団体会員1,882先）、傘下の企業等は31,615先（うち企業・個人傘下の企業等6先、団体傘下の企業等31,609先）となった。また、賛助会員への連絡や情報提供等を迅速に行うため、メールマガジンの配信（定期・臨時）等での情報提供サービスを実施した。

第2－15表　賛助会員の推移

(単位：先数)

		2017年度	2018年度	2019年度
企 業 ・ 個 人		421	411	392
団 体		1,851	1,838	1,882
	傘下企業等	28,439	28,914	31,615
合 計		2,272	2,249	2,274

※2019年度の傘下企業等の数には、企業・個人会員の傘下機関6先を含む。

2019年度外国人技能実習・研修に対する JITCO 点検・提出・取次ぎに係る統計資料集

1　本統計資料は、全て外国人技能実習機構への点検・提出、地方出入国在留管理局への点検・取次業務等により把握した JITCO の業務統計です。そのため、技能実習制度等の概況を示す全数ではありません。（技能実習制度・特定技能制度の資料については、第4部（P55〜）に掲載しています。）

2　統計数字の構成比及び前年（度）比は小数第二位を四捨五入しているため、その計が合計欄の数字と一致しない場合があります。

3　基本的に、技能実習1号イ又はロ及び研修の在留資格に係る統計は暦年、技能実習2号イ又はロへの移行申請に係る統計は年度となっております。また、特に断り書きがなければ統計は 2019 年（度）のものとなっております。

1 JITCO における申請支援（点検・取次）の状況

(1) JITCO における入国・在留手続点検、申請取次の推移

① 入国・在留手続点検の推移

第1－1表　JITCO における国籍別入国・在留申請書類の点検の推移

(単位：人)

国　籍	申　請　種　類	2017年	2018年	2019年	前年比
ベトナム	入国（認定証明書 実習1号・研修）	23,109	26,169	30,386	16.1%
	入国（認定証明書 実習2号）	0	16	81	406.3%
	入国（認定証明書 実習3号）	10	1,207	3,417	183.1%
	期間更新（実習1号・研修）	4,292	0	24	―
	資格変更	24,270	53,629	40,450	－24.6%
	期間更新（実習2号・実習3号）	20,141	709	30,067	4140.8%
	在留カード（再交付等）	335	342	497	45.3%
中　国	入国（認定証明書 実習1号・研修）	14,969	13,120	12,011	－8.5%
	入国（認定証明書 実習2号）	0	8	44	450.0%
	入国（認定証明書 実習3号）	3	521	1,300	149.5%
	期間更新（実習1号・研修）	1,947	0	0	―
	資格変更	15,123	27,541	14,823	－46.2%
	期間更新（実習2号・実習3号）	17,323	438	12,742	2809.1%
	在留カード（再交付等）	138	126	123	－2.4%
フィリピン	入国（認定証明書 実習1号・研修）	3,168	2,945	3,924	33.2%
	入国（認定証明書 実習2号）	0	2	0	－100.0%
	入国（認定証明書 実習3号）	0	212	587	176.9%
	期間更新（実習1号・研修）	388	2	7	250.0%
	資格変更	4,694	9,924	5,408	－45.5%
	期間更新（実習2号・実習3号）	4,506	78	5,817	7357.7%
	在留カード（再交付等）	53	54	58	7.4%
インドネシア	入国（認定証明書 実習1号・研修）	2,691	2,856	3,720	30.3%
	入国（認定証明書 実習2号）	0	1	0	－100.0%
	入国（認定証明書 実習3号）	1	134	271	102.2%
	期間更新（実習1号・研修）	396	0	0	―
	資格変更	2,564	4,807	3,792	－21.1%
	期間更新（実習2号・実習3号）	2,294	52	2,598	4896.2%
	在留カード（再交付等）	35	33	46	39.4%
タ　イ	入国（認定証明書 実習1号・研修）	1,465	1,650	1,656	0.4%
	入国（認定証明書 実習2号）	0	0	1	―
	入国（認定証明書 実習3号）	0	50	264	428.0%
	期間更新（実習1号・研修）	124	0	19	―
	資格変更	1,347	2,799	1,844	－34.1%
	期間更新（実習2号・実習3号）	1,077	53	1,627	2969.8%
	在留カード（再交付等）	12	14	19	35.7%
その他	入国（認定証明書 実習1号・研修）	3,533	3,373	4,943	46.5%
	入国（認定証明書 実習2号）	0	11	2	－81.8%
	入国（認定証明書 実習3号）	0	99	510	415.2%
	期間更新（実習1号・研修）	482	1	3	200.0%
	資格変更（実習先変更を含む）	2,902	5,970	4,711	－21.1%
	期間更新（実習2号・実習3号）	2,352	52	3,019	5705.8%
	在留カード（再交付等）	23	42	57	35.7%
合　計	入国（認定証明書 実習1号・研修）	48,935	50,113	56,640	13.0%
	入国（認定証明書 実習2号）	0	38	128	236.8%
	入国（認定証明書 実習3号）	14	2,223	6,349	185.6%
	期間更新（実習1号・研修）	7,629	3	53	1666.7%
	資格変更	50,900	104,670	71,028	－32.1%
	期間更新（実習2号・実習3号）	47,693	1,382	55,870	3942.7%
	在留カード（再交付等）	596	611	800	30.9%
		155,767	159,040	190,868	20.0%

② 申請取次の推移

第1－2表　JITCO における入管への申請取次の推移（申請種類別）

ア　件数

（単位：件）

申　請　種　類	2017年		2018年		2019年	
	件　数	構成比	件　数	構成比	件　数	構成比
入国（認定証明書　実習1号・研修）	11,351	21.5%	16,141	28.4%	18,438	27.5%
入国（認定証明書　実習2号）	0	0.0%	25	0.0%	77	0.1%
入国（認定証明書　実習3号）	9	0.0%	1,166	2.1%	3,413	5.1%
期間更新（実習1号・研修）	2,947	5.6%	3	0.0%	17	0.0%
資　格　変　更	18,918	35.8%	38,393	67.6%	24,116	35.9%
期間更新（実習2号・実習3号）	18,991	36.0%	483	0.9%	20,342	30.3%
在留カード（再交付等）	558	1.1%	589	1.0%	759	1.1%
合　　　　　　　　計	52,774	100.0%	56,800	100.0%	67,162	100.0%

イ　人数

（単位：人）

申　請　種　類	2017年		2018年		2019年	
	人　数	構成比	人　数	構成比	人　数	構成比
入国（認定証明書　実習1号・研修）	48,929	31.4%	50,113	31.5%	56,640	29.7%
入国（認定証明書　実習2号）	0	0.0%	38	0.0%	128	0.1%
入国（認定証明書　実習3号）	14	0.0%	2,223	1.4%	6,349	3.3%
期間更新（実習1号・研修）	7,629	4.9%	3	0.0%	53	0.0%
資　格　変　更	50,900	32.7%	104,670	65.8%	71,028	37.2%
期間更新（実習2号・実習3号）	47,693	30.6%	1,382	0.9%	55,870	29.3%
在留カード（再交付等）	596	0.4%	611	0.4%	800	0.4%
合　　　　　　　　計	155,761	100.0%	159,040	100.0%	190,868	100.0%

第1－3表　JITCO における地方入国管理局別申請取次ぎ状況（2019年）

地方入国管理局	件数（単位：件）		人数（単位：人）	
		構成比		構成比
札　　　　　　　　幌	1,735	2.5%	5,510	2.8%
仙　　　　　　　　台	2,729	4.0%	10,384	5.3%
東　　　　　　　　京	17,097	24.8%	47,435	24.3%
東　京　局　横　浜　支　局	1,859	2.7%	4,967	2.5%
水　　　　　　　　戸	485	0.7%	1,149	0.6%
長　　　　　　　　野	511	0.7%	1,536	0.8%
名　　　古　　　屋	16,734	24.3%	46,663	23.9%
名　古　屋　局　富　山　出　張　所	345	0.5%	1,035	0.5%
大　　　　　　　　阪	6,942	10.1%	18,852	9.7%
大　阪　局　神　戸　支　局	2,520	3.7%	7,288	3.7%
広　　　　　　　　島	6,993	10.1%	21,670	11.1%
高　　　　　　　　松	2,445	3.5%	7,229	3.7%
高　松　局　松　山　出　張　所	1,068	1.5%	2,819	1.4%
福　　　　　　　　岡	7,466	10.8%	18,714	9.6%
福　岡　局　那　覇　支　局	0	0.0%	0	0.0%
合　　　　　　　　計	68,929	100.0%	195,251	100.0%

(2) JITCO における計画認定申請、申請提出の状況

① 国籍別

第1－4表　JITCO における国籍別計画認定申請書類の点検の状況

(単位：人)

国　籍	申　請　種　類	2019年度
ベトナム	第1号企業単独型	389
	第1号団体監理型	11,937
	第2号企業単独型	264
	第2号団体監理型	10,641
	第3号企業単独型	53
	第3号団体監理型	1,421
中　国	第1号企業単独型	187
	第1号団体監理型	5,069
	第2号企業単独型	56
	第2号団体監理型	4,903
	第3号企業単独型	4
	第3号団体監理型	708
フィリピン	第1号企業単独型	480
	第1号団体監理型	1,099
	第2号企業単独型	175
	第2号団体監理型	932
	第3号企業単独型	30
	第3号団体監理型	248
インドネシア	第1号企業単独型	351
	第1号団体監理型	960
	第2号企業単独型	270
	第2号団体監理型	801
	第3号企業単独型	2
	第3号団体監理型	75
カンボジア	第1号企業単独型	10
	第1号団体監理型	797
	第2号企業単独型	5
	第2号団体監理型	756
	第3号企業単独型	0
	第3号団体監理型	149
そ　の　他	第1号企業単独型	277
	第1号団体監理型	2,036
	第2号企業単独型	58
	第2号団体監理型	1,577
	第3号企業単独型	9
	第3号団体監理型	229
合　計	第1号企業単独型	1,694
	第1号団体監理型	21,898
	第2号企業単独型	828
	第2号団体監理型	19,610
	第3号企業単独型	98
	第3号団体監理型	2,830
		46,958

② 申請種類別

第1－5表　JITCO における機構への申請提出の状況（申請種類別）

ア　件数

(単位：件)

申　請　種　類	2019年度	
	件　数	構成比
第1号企業単独型	292	1.8%
第1号団体監理型	7,337	46.3%
第2号企業単独型	111	0.7%
第2号団体監理型	6,579	41.5%
第3号企業単独型	31	0.2%
第3号団体監理型	1,508	9.5%
合　　計	15,858	100.0%

イ　人数

(単位：人)

申　請　種　類	2019年度	
	人　数	構成比
第1号企業単独型	1,694	3.6%
第1号団体監理型	21,839	46.6%
第2号企業単独型	828	1.8%
第2号団体監理型	19,569	41.8%
第3号企業単独型	98	0.2%
第3号団体監理型	2,819	6.0%
合　　計	46,847	100.0%

③ OTIT 地方事務所・支所別

第1－6表　JITCO における OTIT 地方事務所・支所別申請提出状況（2019年度）

OTIT 地方事務所	件数（単位：件）		人数（単位：人）	
		構　成　比		構　成　比
札　　　　幌	351	2.2%	976	2.1%
仙　　　　台	648	4.1%	2,080	4.4%
水　　　　戸	572	3.6%	976	2.1%
東　　　　京	2,712	17.1%	8,848	18.8%
長　　　　野	483	3.0%	1,427	3.0%
名　古　屋	3,397	21.4%	10,205	21.7%
富　　　　山	897	5.6%	2,167	4.6%
大　　　　阪	3,006	18.9%	9,341	19.9%
広　　　　島	1,488	9.4%	4,517	9.6%
高　　　　松	403	2.5%	1,222	2.6%
松　　　　山	329	2.1%	952	2.0%
福　　　　岡	1,113	7.0%	2,883	6.1%
熊　　　　本	499	3.1%	1,364	2.9%
合　　　　計	15,898	100.0%	46,958	100.0%

2 JITCO支援外国人技能実習生・研修生の推移

① 国籍・地域別・在留資格別

第1-7表 国籍・地域別・在留資格別JITCO支援外国人技能実習生（1号）・研修生の推移

ア 合計（在留資格「技能実習1号イ」、「技能実習1号ロ」、「研修」）

（単位：人）

国籍・地域	2017年	2018年	2019年		
				構 成 比	前 年 比
ベ ト ナ ム	23,109	26,169	30,386	53.6%	16.1%
中 国	14,969	13,120	12,011	21.2%	-8.5%
フ ィ リ ピ ン	3,168	2,945	3,924	6.9%	33.2%
イ ン ド ネ シ ア	2,691	2,856	3,720	6.6%	30.3%
タ イ	1,465	1,650	1,656	2.9%	0.4%
カ ン ボ ジ ア	1,406	1,466	1,841	3.3%	25.6%
ミ ャ ン マ ー	1,483	1,383	2,451	4.3%	77.2%
モ ン ゴ ル	221	187	272	0.5%	45.5%
イ ン ド	87	70	83	0.1%	18.6%
ネ パ ー ル	26	64	113	0.2%	76.6%
そ の 他	310	203	183	0.3%	-9.9%
合 計	48,935	50,113	56,640	100.0%	13.0%

イ 企業単独型（在留資格「技能実習1号イ」）

（単位：人）

国籍・地域	2019年
フ ィ リ ピ ン	469
ベ ト ナ ム	450
中 国	393
イ ン ド ネ シ ア	377
タ イ	183
イ ン ド	12
ス リ ラ ン カ	16
マ レ ー シ ア	11
ミ ャ ン マ ー	11
ア メ リ カ	4
そ の 他	27
合 計	1,953

ウ 団体監理型（在留資格「技能実習1号ロ」）

（単位：人）

国籍・地域	2019年
ベ ト ナ ム	29,931
中 国	11,585
イ ン ド ネ シ ア	3,298
フ ィ リ ピ ン	3,450
カ ン ボ ジ ア	1,836
ミ ャ ン マ ー	2,435
タ イ	1,463
モ ン ゴ ル	270
ネ パ ー ル	107
ラ オ ス	34
そ の 他	94
合 計	54,503

エ 研修

（単位：人）

国籍・地域	2019年
タ イ	10
イ ン ド	35
中 国	33
イ ン ド ネ シ ア	45
ベ ト ナ ム	5
フ ィ リ ピ ン	5
マ レ ー シ ア	6
パ キ ス タ ン	17
韓 国	1
ミ ャ ン マ ー	5
そ の 他	22
合 計	184

② 受入れ形態別

第1−8表　受入れ形態別 JITCO 支援外国人技能実習生（1号）・研修生の推移

（単位：人）

受入れ形態	2017年	2018年	2019年	
				構成比
企業単独型 （在留資格「技能実習1号イ」）	2,633	1,881	1,953	3.4%
団体監理型 （在留資格「技能実習1号ロ」）	45,947	47,912	54,503	96.2%
研修	355	320	184	0.3%
合計	48,935	50,113	56,640	100.0%

③ 年齢別・性別・在留資格別

第1−9表　年齢別・性別・在留資格別 JITCO 支援外国人技能実習生（1号）・研修生の状況（2019年）

（単位：人）

年齢・性別		合計	技能実習1号イ	技能実習1号ロ	研修
20歳未満	男	4,722	74	4,648	0
	女	5,734	23	5,711	0
	小計	10,456	97	10,359	0
20～24歳	男	12,487	351	12,108	28
	女	8,817	196	8,613	8
	小計	21,304	547	20,721	36
25～29歳	男	7,386	381	6,956	49
	女	5,371	218	5,133	20
	小計	12,757	599	12,089	69
30～34歳	男	4,067	211	3,831	25
	女	3,248	142	3,089	17
	小計	7,315	353	6,920	42
35～39歳	男	1,315	129	1,168	18
	女	1,642	96	1,541	5
	小計	2,957	225	2,709	23
40～44歳	男	295	48	238	9
	女	944	38	906	0
	小計	1,239	86	1,144	9
45～49歳	男	72	18	50	4
	女	469	20	449	0
	小計	541	38	499	4
50歳以上	男	15	8	6	1
	女	53	0	53	0
	小計	68	8	59	1
不明	男	3	0	3	0
	女	0	0	0	0
	小計	3	0	3	0
男性合計		30,362	1,220	29,008	134
女性合計		26,278	733	25,495	50
合計		56,640	1,953	54,503	184

④　団体監理型受入れの団体別

第1—10表　団体監理型受入れの団体別 JITCO 支援外国人技能実習生（1号ロ）の推移

団体種別	2017年	2018年	2019年 人数（単位：人）	2019年 団体数（単位：団体）
協　同　組　合　等	43,047	45,267	51,837	929
公益社団法人・公益財団法人	1,013	793	841	7
農　協　・　農　業　法　人	844	751	575	30
商　　工　　会	531	538	473	22
商　工　会　議　所	334	371	217	6
職　業　訓　練　法　人	129	151	172	4
そ　の　他　団　体	49	41	57	3
合　　　　　計	45,947	47,912	54,172	1,001

注1　漁業協同組合の数値は協同組合等に含む。
　2　公益社団法人・公益財団法人には一般社団法人・一般財団法人を含む。

⑤　産業・業種別

第1—11表　産業・業種別 JITCO 支援外国人技能実習生（1号）・研修生の状況（2019年）

ア　合計（在留資格「技能実習1号イ」、「技能実習1号ロ」、「研修」）

産業・業種	人数（単位：人）	構成比	企業数（単位：社）	構成比
食料品製造業	9,932	17.5%	1,527	10.4%
職別工事業（設備工事業を除く）	7,727	13.6%	3,048	20.8%
衣服・その他の繊維製品製造業	4,421	7.8%	1,315	9.0%
農業	4,395	7.8%	1,942	13.2%
輸送用機械器具製造業	4,325	7.6%	627	4.3%
金属製品製造業	3,245	5.7%	925	6.3%
プラスチック製品製造業（別掲を除く）	2,635	4.7%	497	3.4%
総合工事業	3,469	6.1%	1,288	8.8%
一般機械器具製造業	1,526	2.7%	377	2.6%
電気機械器具製造業	1,621	2.9%	212	1.4%
その他	13,344	23.6%	2,931	20.0%
合　　　　　計	56,640	100.0%	14,689	100.0%

注　企業数は実数ベースのため、申請ごとの企業数の合算値とは異なる。

イ　企業単独型（「技能実習1号イ」）

産業・業種	人数（単位：人）	構成比	企業数（単位：社）	構成比
輸送用機械器具製造業	729	37.3%	25	17.9%
運輸に附帯するサービス業	213	10.9%	2	1.4%
金属製品製造業	128	6.6%	15	10.7%
精密機械器具製造業	145	7.4%	9	6.4%
ゴム製品製造業	86	4.4%	4	2.9%
食料品製造業	92	4.7%	8	5.7%
電気機械器具製造業	135	6.9%	10	7.1%
衣服・その他の繊維製品製造業	70	3.6%	12	8.6%
一般機械器具製造業	88	4.5%	9	6.4%
プラスチック製品製造業（別掲を除く）	50	2.6%	9	6.4%
その他	217	11.1%	37	26.4%
合　　　　　計	1,953	100.0%	140	100.0%

第1—11表　産業・業種別JITCO支援外国人技能実習生（1号）・研修生の状況（2019年）（続）

ウ　団体監理型（「技能実習1号ロ」）

産業・業種	人数（単位：人）		企業数（単位：社）	
		構成比		構成比
食料品製造業	8,802	18.4%	1,414	10.9%
職別工事業（設備工事業を除く）	5,824	12.2%	2,308	17.8%
衣服・その他の繊維製品製造業	4,902	10.2%	1,484	11.4%
農業	4,267	8.9%	2,034	15.6%
金属製品製造業	3,350	7.0%	933	7.2%
輸送用機械器具製造業	3,234	6.7%	590	4.5%
プラスチック製品製造業（別掲を除く）	2,413	5.0%	498	3.8%
総合工事業	2,296	4.8%	861	6.6%
一般機械器具製造業	1,564	3.3%	362	2.8%
電気機械器具製造業	1,504	3.1%	213	1.6%
その他	9,756	20.4%	2,304	17.7%
合　　　計	47,912	100.0%	13,001	100.0%

エ　研修

産業・業種	人数（単位：人）		企業数（単位：社）	
		構成比		構成比
精密機械器具製造業	67	20.9%	2	2.7%
輸送用機械器具製造業	53	16.6%	1	1.4%
政治・経済・文化団体	49	15.3%	2	2.7%
一般機械器具製造業	32	10.0%	3	4.1%
電気機械器具製造業	14	4.4%	4	5.4%
金属製品製造業	13	4.1%	2	2.7%
学校教育	13	4.1%	7	9.5%
情報サービス業	10	3.1%	8	10.8%
ゴム製品製造業	8	2.5%	2	2.7%
インターネット附随サービス業	8	2.5%	6	8.1%
その他	53	16.6%	37	50.0%
合　　　計	320	100.0%	74	100.0%

⑥　資本金規模別

第1—12表　資本金規模別JITCO支援外国人技能実習生（1号）・研修生の状況（2019年）

㋐　資本金規模別　JITCO支援外国人技能実習生（1号）・研修生の人数

（単位：人）

資　本　金	合　　計		技能実習1号イ		技能実習1号ロ		研　　修	
	人　数	構成比	人　数	構成比	人　数	構成比	人　数	構成比
300　万　円　未　満	6,727	11.9%	3	0.2%	6,718	12.3%	6	3.3%
300万～500万円未満	6,189	10.9%	9	0.5%	6,180	11.3%	0	0.0%
500万～1000万円未満	4,968	8.8%	0	0.0%	4,968	9.1%	0	0.0%
1000万～3000万円未満	16,235	28.7%	171	8.8%	16,020	29.4%	44	23.9%
3000万～1億円未満	13,545	23.9%	405	20.7%	13,127	24.1%	13	7.1%
1億～10億円未満	4,401	7.8%	225	11.5%	4,170	7.7%	6	3.3%
10　億　円　以　上	4,575	8.1%	1,140	58.4%	3,320	6.1%	115	62.5%
不　　　　　明	0	0.0%	0	0.0%	0	0.0%	0	0.0%
合　　　計	56,640	100.0%	1,953	100.0%	54,503	100.0%	184	100.0%

第1―12表　資本金規模別JITCO支援外国人技能実習生（1号）・研修生の状況（2019年）（続）

(イ)　資本金規模別　企業数

(単位：社)

資　本　金	合　　計（注）		技能実習1号イ		技能実習1号ロ		研　　修	
	企業数	構成比	企業数	構成比	企業数	構成比	企業数	構成比
300　万　円　未　満	3,095	21.0%	0	0.0%	3,088	21.2%	7	31.8%
300万～500万円未満	2,405	16.4%	2	1.4%	2,402	16.5%	1	4.5%
500万～1000万円未満	1,925	13.1%	0	0.0%	1,924	13.2%	1	4.5%
1000万～3000万円未満	4,448	30.2%	30	21.4%	4,416	30.4%	2	9.1%
3000万～1億円未満	2,240	15.2%	55	39.3%	2,184	15.0%	1	4.5%
1億～10億円未満	403	2.7%	20	14.3%	381	2.6%	2	9.1%
10　億　円　以　上	189	1.3%	33	23.6%	148	1.0%	8	36.4%
不　　　　　明	0	0.0%	0	0.0%	0	0.0%	0	0.0%
合　　　　　計	14,705	100.0%	140	100.0%	14,543	100.0%	22	100.0%

注　企業数は実数ベースのため、技能実習1号イ、技能実習1号ロ、研修の合算値とは異なる。

⑦　従業員規模別

第1―13表　従業員規模別JITCO支援外国人技能実習生（1号）・研修生の状況（2019年）

(ア)　従業員規模別　JITCO支援外国人技能実習生（1号）・研修生の人数

(単位：人)

従業員規模	合　　計		技能実習1号イ		技能実習1号ロ		研　　修	
	人　数	構成比	人　数	構成比	人　数	構成比	人　数	構成比
1　～　19　人	20,062	35.4%	27	1.4%	19,987	36.7%	48	26.1%
20　～　49　人	7,490	13.2%	17	0.9%	7,471	13.7%	2	1.1%
50　～　99　人	6,815	12.0%	77	3.9%	6,728	12.3%	10	5.4%
100　～　199　人	6,393	11.3%	213	10.9%	6,177	11.3%	3	1.6%
200　～　299　人	3,077	5.4%	189	9.7%	2,869	5.3%	19	10.3%
300　～　999　人	6,072	10.7%	392	20.1%	5,680	10.4%	0	0.0%
1000　人　以　上	6,725	11.9%	1,036	53.0%	5,587	10.3%	102	55.4%
不　　　　　明	6	0.0%	2	0.1%	4	0.0%	0	0.0%
合　　　　　計	56,640	100.0%	1,953	100.0%	54,503	100.0%	184	100.0%

(イ)　従業員規模別　企業数

(単位：社)

従業員規模	合　　計（注）		技能実習1号イ		技能実習1号ロ		研　　修	
	企業数	構成比	企業数	構成比	企業数	構成比	企業数	構成比
1　～　19　人	8,738	59.4%	6	4.3%	8,722	60.0%	10	45.5%
20　～　49　人	2,455	16.7%	8	5.7%	2,446	16.8%	1	4.5%
50　～　99　人	1,453	9.9%	20	14.3%	1,432	9.8%	1	4.5%
100　～　199　人	966	6.6%	36	25.7%	929	6.4%	1	4.5%
200　～　299　人	370	2.5%	19	13.6%	349	2.4%	2	9.1%
300　～　999　人	498	3.4%	24	17.1%	474	3.3%	0	0.0%
1000　人　以　上	222	1.5%	26	18.6%	189	1.3%	7	31.8%
不　　　　　明	3	0.0%	1	0.7%	2	0.0%	0	0.0%
合　　　　　計	14,705	100.0%	140	100.0%	14,543	100.0%	22	100.0%

注　企業数は実数ベースのため、技能実習1号イ、技能実習1号ロ、研修の合算値とは異なる。

⑧ 業種別　JITCO 支援外国人技能実習生の状況

第1—14表　業種別　JITCO 支援外国人技能実習生の状況（2019年度）

（単位：人）

業　　種	企業単独型　計		団体監理型　計		合　　計	
	人数	構成比	人数	構成比	人数	構成比
農　　　　業	0	0.0%	2,805	6.3%	2,805	6.0%
漁　　　　業	0	0.0%	193	0.4%	193	0.4%
建　　　　設	88	3.4%	5,679	12.8%	5,767	12.3%
食　料　品　製　造	91	3.5%	7,912	17.8%	8,003	17.0%
繊　維　・　衣　服	99	3.8%	5,761	13.0%	5,860	12.5%
機　械　・　金　属	1,515	57.8%	8,239	18.6%	9,754	20.8%
そ　　の　　他	827	31.6%	13,749	31.0%	14,576	31.0%
計	2,620	100.0%	44,338	100.0%	46,958	100.0%

⑨ JITCO 支援外国人技能実習生（1号）の支給予定賃金の状況

第1—15表　JITCO 支援外国人技能実習生（1号）の支給予定賃金の状況（2019年度）

（単位：人）

支給額	合　　計		技能実習 1号イ		技能実習 1号ロ		技能実習 2号イ		技能実習 2号ロ		技能実習 3号イ		技能実習 3号ロ	
		構成比		構成比		構成比		構成比		構成比		構成比		構成比
10 万 円 未 満	35	0.1%	0	0.0%	18	0.1%	0	0.0%	15	0.1%	0	0.0%	2	0.1%
10万～11万円未満	5	0.0%	0	0.0%	2	0.0%	0	0.0%	3	0.0%	0	0.0%	0	0.0%
11万～12万円未満	25	0.1%	4	0.2%	15	0.1%	0	0.0%	6	0.0%	0	0.0%	0	0.0%
12万～13万円未満	848	1.8%	12	0.7%	400	1.8%	5	0.6%	414	2.1%	0	0.0%	17	0.6%
13万～14万円未満	9,301	19.8%	243	14.3%	4,214	19.2%	186	22.5%	4,309	22.0%	14	14.3%	335	11.8%
14万～15万円未満	14,898	31.7%	502	29.6%	7,013	32.0%	273	33.0%	6,512	33.2%	20	20.4%	578	20.4%
15 万 円 以 上	21,523	45.8%	931	55.0%	10,067	46.0%	360	43.5%	8,219	41.9%	64	65.3%	1,882	66.5%
不　　　　　　明	323	0.7%	2	0.1%	169	0.8%	4	0.5%	132	0.7%	0	0.0%	16	0.6%
合　　　　計	46,958	100.0%	1,694	100.0%	21,898	100.0%	828	100.0%	19,610	100.0%	98	100.0%	2,830	100.0%

注　雇用条件書における1ヶ月当たりの支給概算額は、支給を予定する基本賃金及び各種手当の合計であり、時間外労働賃金等は含まない。

第 3 部
JITCO の業務推進体制

第3部
JITCO の業務推進体制

1 組織・人員

(1) 組織

　JITCO 本部は、監査室及び事務局5部（1室、19課、1センター）で構成され、それぞれ次のような業務を担当している。

① 監査室（業務監査及び会計監査）

② 総務部（理事会・評議員会事項、各部の総合調整、職員の人事・給与、予算及び決算、情報システムの整備、賛助会員に関する事項、地方駐在事務所の運営管理に関する事項、広報・啓発、教材等の開発・販売等）
  ・総務・人事課
  ・会計課
  ・賛助会員課
  ・地方駐在管理課
  ・企画調整課
  ・情報システム課
  ・広報室
  ・教材センター

③ 申請支援部（入国・在留手続きの案内・支援、申請取次ぎ、技能実習計画認定申請に関する支援等）
  ・企画管理課
  ・業務管理課
  ・支援第一課
  ・支援第二課

④ 国際部（諸外国の関係機関との連絡調整、送出機関支援等）
  ・国際第一課
  ・国際第二課

⑤ 実習支援部（技能実習実施に係る相談・支援等、技能実習生の安全衛生対策、JITCO 保険に関する事項、技能実習生用テキスト等の開発、研修生・実習生からの相談に関する事項等）
  ・業務課
  ・保険業務課
  ・職種相談課
  ・相談課

⑥ 講習業務部（養成講習を含む各種講習会・セミナー等の開催、日本語教育に係る支援に関する事項等）
  ・業務課
  ・養成講習課
  ・日本語教育課

　このほか、12都市（札幌、仙台、水戸、東京、富山、長野、名古屋、大阪、広島、高松、松山、福岡）に地方駐在事務所を設置し、監理団体・実習実施者への地域での支援業務に当たっている。

(2) 人員

　JITCO の2020年7月1日現在における人員構成は次のようになっている。

① 常勤役員7人

② 本部
  　職員　　140人（派遣職員を含む。）

③ 地方駐在事務所12ヶ所
  　職員　　133人（派遣職員を含む。）

（参考）JITCO の本部・地方駐在事務所一覧

2020年 8 月 1 日

事務所	〒	所　在　地	TEL/FAX	担　当　地　域
本　部	108-0023	東京都港区芝浦 2-11-5 五十嵐ビルディング 9 階・11階・12階	TEL　03-4306-1100 （代表） FAX　03-4306-1112	
札　幌	060-0003	札幌市中央区北 3 条西 3-1 札幌北三条ビル 6 階	TEL　011-242-5820 　　　011-242-5821 FAX　011-207-6056	北海道
仙　台	980-0811	仙台市青葉区一番町 1-8-3 富士火災仙台ビル 8 階	TEL　022-263-8030 　　　022-263-8031 FAX　022-263-8032	青森、岩手、宮城、秋田、 山形、福島
水　戸	310-0021	水戸市南町 3-4-57 水戸セントラルビル 3 階	TEL　029-233-2275 FAX　029-222-2668	茨城
東　京	108-0023	東京都港区芝浦 2-11-5 五十嵐ビルディング 9 階	TEL　03-4306-1190 FAX　03-4306-1117	栃木、群馬、千葉、東京、 埼玉、神奈川、山梨
富　山	930-0004	富山市桜橋通り 1-18 北日本桜橋ビル 5 階	TEL　076-442-1496 FAX　076-443-2731	富山、石川、福井
長　野	380-0836	長野市南県町1081 長野東京海上日動ビル 2 階	TEL　026-291-7811 　　　026-291-7812 FAX　026-291-8920	長野、新潟
名 古 屋	451-0045	名古屋市西区名駅 2-27-8 名古屋プライムセントラルタ ワー 9 階	TEL　052-589-3087 　　　052-589-3088 FAX　052-571-2100	静岡、岐阜、愛知、三重
大　阪	530-0001	大阪市北区梅田 1-3-1 大阪駅前第 1 ビル 7 階	TEL　06-6344-9521 　　　06-6344-9522 FAX　06-6344-9523	兵庫、滋賀、京都、大阪、 奈良、和歌山
広　島	730-0012	広島市中区上八丁堀 8-2 広島清水ビル 5 階	TEL　082-224-0253 　　　082-224-0263 FAX　082-502-3238	鳥取、島根、岡山、広島、 山口
高　松	760-0023	高松市寿町 2-3-11 高松丸田ビル 6 階	TEL　087-826-3748 FAX　087-811-7845	徳島、香川
松　山	790-0005	松山市花園町 3-21 朝日生命松山南堀端ビル 6 階	TEL　089-931-1162 　　　089-931-1172 FAX　089-931-1163	愛媛、高知
福　岡	812-0011	福岡市博多区博多駅前 4-1-1 日本生命博多駅前第 2 ビル 3 階	TEL　092-414-1729 FAX　092-415-5548	福岡、佐賀、長崎、大分、 沖縄、熊本、宮崎、鹿児島

2　決算と予算の概況

（1）総論

JITCOの主な収益は、賛助会員受取会費及び事業収益（点検・取次事業収益、技能実習生総合保険事業収益、教材販売事業収益等）である。

JITCOは、業務の見直しや合理化等により、必要な事業を円滑かつ適切に執行できるよう財源の確保に努めている。

（以下、決算値及び予算値は千円未満四捨五入にて表記する）

（2）2019年度決算

①　正味財産増減計算書

ア　経常収益

賛助会員受取会費は1,975,742千円となり、前年度に比べ240,606千円（13.9％）増加した。事業収益は732,694千円となり、前年度に比べ249,790千円（51.7％）増加した。主な要因は、点検・取次事業収益、技能実習生総合保険事業収益、教材販売事業収益等の増収である。

これら要因により経常収益は2,720,284千円となり、前年度に比べ489,629千円（22.0％）増加した。

イ　経常費用

経常費用計は2,500,229千円となり、前年度に比べ11,625千円（0.5％）増加した。

ウ　当期経常増減額

当期経常増減額は220,055千円となり、前年度に比べ478,004千円増加した。

エ　当期経常外増減額

当期経常外増減額は34千円となり、前年度に比べ157千円増加した。

オ　当期一般正味財産増減額

当期一般正味財産増減額は220,089千円となり、前年度に比べ478,161千円増加した。

②　貸借対照表

資産合計は4,532,788千円となり、前年度に比べ28,286千円（0.6％）減少した。

うち流動資産は1,271,499千円で、前年度に比べ44,604千円（3.4％）減少した。固定資産は3,261,289千円で、前年度に比べ16,319千円（0.5％）増加した。なお、固定資産のうち1,006,000千円は基本財産である。

負債合計は817,979千円となり、前年度に比べ248,375千円（23.3％）減少した。

一般正味財産は2,708,810千円となり、前年度に比べ220,089千円（8.8％）増加した。また、正味財産は3,714,810千円となり、前年度に比べ220,089千円（6.3％）増加した。

③　財務諸表の開示

JITCOは財務及び業務等に関する資料は本部事務所及びホームページにて閲覧できる体制をとっており、事業内容の透明性向上に努めている。

（3）2020年度収支予算

①　経常収益

賛助会員受取会費は1,875,401千円、事業収益は719,437千円、経常収益計は2,605,937千円を見込んだ。

②　経常費用

経常費用計は2,557,961千円を見込んだ。

③　当期経常増減額

当期経常増減額は47,976千円を見込んだ。

④　当期一般正味財産増減額

経常外収益及び経常外費用の発生は見込んでおらず、当期一般正味財産増減額は47,976千円を見込んだ。

（参考）JITCO 最近のあゆみ

2019年（平成31年・令和元年）

4 月

9 日	特定技能制度説明会（於広島市）	
10日	特定技能制度説明会（於福岡市）	
10日	養成講習「技能実習指導員講習」（於札幌市）	
	※10〜24日の期間に札幌市、仙台市、新潟市等で 6 回開催	
11日	特定技能制度説明会（於長野市）	
11日	養成講習「技能実習責任者講習」（於札幌市）	
	※11〜25日の期間に札幌市、仙台市、新潟市等で 6 回開催	
11日	中国 中日研修生協力機構との協議	
12日	特定技能制度説明会（於水戸市）	
12日	養成講習「生活指導員講習」（於札幌市）	
	※12〜26日の期間に札幌市、仙台市、新潟市等で 6 回開催	
16日	特定技能制度説明会（於松山市）	
17日	技能実習制度説明会（於東京都）	
17日	特定技能制度説明会（於高松市）	
18日	特定技能制度説明会（於名古屋市）	
19日	特定技能制度説明会（於仙台市）	
23日	特定技能制度説明会（於札幌市）	
24日	地方駐在事務所企画セミナー（於名古屋市）	
24日	特定技能制度説明会（於東京都）	
25日	特定技能制度説明会（於富山市）	

5 月

14日	ウズベキスタン雇用・労働関係省（MEHNAT）との協議	
15日	技能実習制度説明会（於東京都）	
15日	養成講習「技能実習指導員講習」（於福井市）	
	※15〜29日の期間に福井市、福岡市、秋田市等で 6 回開催	
16日	養成講習「技能実習責任者講習」（於福井市）	
	※16〜30日の期間に福井市、福岡市、秋田市等で 6 回開催	
17日	養成講習「生活指導員講習」（於福井市）	
	※17〜31日の期間に福井市、福岡市、秋田市等で 6 回開催	

6 月

5 日	技能実習制度説明会（於東京都）	
5 日	養成講習「技能実習指導員講習」（於甲府市）	
	※ 5 〜26日の期間に甲府市、高松市、鳥取市等で 8 回開催	
6 日	養成講習「技能実習責任者講習」（於甲府市）	
	※ 6 〜27日の期間に甲府市、高松市、鳥取市等で10回開催	
7 日	養成講習「生活指導員講習」（於甲府市）	
	※ 7 〜28日の期間に甲府市、高松市、鳥取市等で 8 回開催	
21日	日本語指導担当者実践セミナー（於東京都）	

7 月

2 日	養成講習「技能実習指導員講習」（於山形市）	
	※ 2 〜24日の期間に山形市、徳島市、郡山市等で 6 回開催	
3 日	技能実習制度説明会（於東京都）	
3 日	養成講習「技能実習責任者講習」（於山形市）	
	※ 3 〜25日の期間に山形市、徳島市、郡山市等で 9 回開催	
4 日	養成講習「生活指導員講習」（於山形市）	
	※ 4 〜26日の期間に山形市、徳島市、郡山市等で 6 回開催	

19日	技能実習生受入れ実務セミナー「団体監理型コース」（於東京都）
31日	【特定技能】申請書類の書き方セミナー（於東京都）

8月

6日	【特定技能】申請書類の書き方セミナー（於大阪市）
7日	技能実習制度説明会（於東京都）
7日	【特定技能】申請書類の書き方セミナー（於名古屋市）
9日	【特定技能】申請書類の書き方セミナー（於札幌市）
20日	【特定技能】申請書類の書き方セミナー（於福岡市）
21日	【特定技能】申請書類の書き方セミナー（於広島市）
23日	【特定技能】申請書類の書き方セミナー（於東京都）
27日	【特定技能】申請書類の書き方セミナー（於名古屋市）
28日	技能実習生受入れ実務セミナー「企業単独型コース」（於東京都）
28日	パキスタン教育・職業訓練省（MOFEPT）との協議
29日	タイ労働省　雇用局（DOE）との協議
29日	【特定技能】申請書類の書き方セミナー（於高松市）
30日	【特定技能】申請書類の書き方セミナー（於富山市）

9月

3日	【特定技能】申請書類の書き方セミナー（於仙台市）
4日	技能実習制度説明会（於東京都）
4日	養成講習「技能実習指導員講習」（於さいたま市）
	※4～25日の期間にさいたま市、金沢市、大阪市等で4回開催
5日	養成講習「技能実習責任者講習」（於さいたま市）
	※5～29日の期間にさいたま市、金沢市、大阪市等で8回開催
6日	養成講習「生活指導員講習」（於さいたま市）
	※6～27日の期間にさいたま市、金沢市、大阪市等で4回開催
6日	日本語指導トピック別実践セミナー（於東京都）2回開催
10日	養成講習「監理責任者等講習」（於宇都宮市）
18日	【技能実習】申請書類の書き方セミナー（於東京都）
24日	【技能実習】申請書類の書き方セミナー（於名古屋市）
26日	技能実習生受入れ実務セミナー「団体監理型コース」（於広島市）

10月

2日	技能実習制度説明会（於東京都）
4日	JITCO交流大会（於東京都）
7日	養成講習「技能実習責任者講習」（於東京都港区）
	※7～31日の期間に東京都港区、高知市、福井市等で14回開催
8日	養成講習「監理責任者等講習」（於高崎市、東京都港区）
9日	養成講習「技能実習指導員講習」（於東京都港区）
	※9～30日の期間に東京都港区、高知市、長野市等で5回開催
11日	養成講習「生活指導員講習」（於東京都港区）
	※11～25日の期間に東京都港区、高知市、長野市等で4回開催
16日	地方駐在事務所企画セミナー（於水戸市）
24日	技能実習生受入れ実務セミナー「団体監理型コース」（於大阪市）
24日	キルギス外務大臣一行来日に伴う協議
25日	日本語指導担当者実践セミナー（於東京都）

11月

1日	養成講習「生活指導員講習」（於熊本市）
	※1～29日の期間に熊本市、大津市、岡山市等で6回開催
6日	養成講習「技能実習指導員講習」（於大津市）
	※6～27日の期間に大津市、岡山市、大阪市等で5回開催

6日	養成講習「技能実習責任者講習」（於名古屋市）
	※6〜28日の期間に名古屋市、大津市、福岡市等で10回開催
6日	技能実習制度説明会（於東京都）
12日	養成講習「監理責任者等講習」（於千葉市）
14日	技能実習生受入れ実務セミナー「団体監理型コース」（於名古屋市）
15日	日本語指導担当者実践セミナー（於仙台市）
22日	インド技能開発起業促進省（MSDE）・全国技能開発公社（NSDC）一行来日に伴う協議
25日	ベトナム労働・傷病兵・社会省（MOLISA）海外労働局（DOLAB）との協議
28日	地方駐在事務所企画セミナー（於富山市）
29日	カンボジア労働・職業訓練省（MLVT）との協議

12月

3日	養成講習「監理責任者等講習」（於さいたま市）
3日	養成講習「技能実習指導員講習」（於和歌山市）
	※3日〜18日の期間に和歌山市、那覇市、横浜市で3回開催
4日	養成講習「技能実習責任者講習」（於和歌山市）
	※4〜20日の期間に和歌山市、那覇市、横浜市等で9回開催
4日	技能実習制度説明会（於東京都）
5日	養成講習「生活指導員講習」（於和歌山市）
	※5〜20日の期間に和歌山市、那覇市、横浜市で3回開催
9日	インド全国技能開発公社（NSDC）との協議
11日	技能修得支援セミナー（於名古屋市）
12日	技能修得支援セミナー（於福山市）
	日本語指導担当者実践セミナー（於名古屋市）
13日	技能実習制度説明会（於名古屋市）
13日	日本語指導担当者実践セミナー（於高松市）
17日	ウズベキスタン雇用・労働関係省（MEHNAT)及び対外労働移民庁（AELM）一行来日に伴う協議
19日	地方駐在事務所企画セミナー（於松山市）

2020年（令和2年）

1月

7日	養成講習「監理責任者等講習」（於東京都港区）
8日	養成講習「技能実習指導員講習」（於東京都港区）
	※8〜29日の期間に東京都港区、浜松市、広島市等で4回開催
9日	養成講習「技能実習責任者講習」（於東京都港区）
	※9〜30日の期間に東京都港区、浜松市、広島市等で7回開催
10日	養成講習「生活指導員講習」（於東京都港区）
	※10〜31日の期間に東京都港区、浜松市、広島市等で4回開催
15日	技能実習制度説明会（於東京都）
16日	日本語指導担当者実践セミナー（於大阪市）
	技能修得支援セミナー（於東京都港区）
17日	日本語指導担当者実践セミナー（於福岡市）
20日	地方駐在事務所企画セミナー（於長野市）
22日	在留資格「特定技能」に係る説明会（於東京都）
27日	ミャンマー労働・入国管理・人口省（DOL）との協議
27日	地方駐在事務所企画セミナー（於富山市）
29日	技能実習生受入れ実務セミナー「団体監理型コース」（於東京都）
30日	地方駐在事務所企画セミナー（於水戸市）

2月

3日	タイ労働省 雇用局（DOE）一行来日に伴う協議
4日	養成講習「監理責任者等講習」（於甲府市）
	※4〜25日の期間に甲府市、水戸市、横浜市で3回開催

5日	養成講習「技能実習指導員講習」（於名古屋市）
	※5〜19日の期間に名古屋市、松山市、大分市等で4回開催
5日	技能実習制度説明会（於東京都）
6日	養成講習「技能実習責任者講習」（於名古屋市）
	※6〜28日の期間に名古屋市、松山市、大分市等で11回開催
	技能修得支援セミナー（於高崎市）
7日	養成講習「生活指導員講習」（於名古屋市）
	※7〜21日の期間に名古屋市、松山市、大分市で3回開催
	日本語指導トピック別実践セミナー（於名古屋市）2回実施
	技能修得支援セミナー（於三条市）
18日	地方駐在事務所企画セミナー（於広島市）
19日	在留資格「特定技能」に係る説明会（於東京都）
21日	日本語指導担当者実践セミナー（於東京都）
26日	技能修得支援セミナー（於大阪市）

3月

3日	養成講習「技能実習責任者講習」（於京都市）
	※3〜6日の期間に京都市、大阪市、岡山市等で5回開催

第4部
我が国の技能実習制度、特定技能制度の概況
（各種統計データより）

<ご利用にあたって、次の点に注意してください>

1　第4部掲載の統計資料の出所は法務省あるいは外国人技能実習機構です。

2　統計数字の構成比及び前年（度）比は小数第二位を四捨五入しているため、その計が合計欄の数字と一致しない場合があります。

3　基本的に、技能実習1号イ又はロ及び研修の在留資格に係る統計は暦年、技能実習2号イ又はロへの移行申請に係る統計は年度となっております。また、特に断り書きがなければ統計は2019年（度）のものとなっております。

2017年度と2018年度の技能実習計画認定件数について

　技能実習計画の認定件数とは、2017年11月に施行された外国人の技能実習の適正な実施及び技能実習生の保護に関する法律（技能実習法）に基づき、外国人技能実習機構が認定した件数を集計したものであり、2017年10月以前に地方入国管理局（当時）へ申請された件数は、集計の対象とはなっておりません。

　特に制度改正に伴う経過措置（下図参照）として、2018年1月31日までに在留期間の満了日または入国予定日を迎える技能実習生については旧制度での申請も認めることとされ、対象者の多くが旧制度を選択しました。

　また、2018年度においては、前年度に旧制度で地方入管局へ申請を行った技能実習2号の技能実習生が現行制度の技能実習2号へ移行するために技能実習計画の認定を受けていることから、技能実習2号の認定件数が前年から大幅に増加しています。

　以上の理由から、実際の技能実習生と対比して、2017年度の認定件数は少なく、2018年度の認定件数は多くなっていることにご留意の上、本資料をご利用ください。

法務省　入国管理局、厚生労働省　職業能力開発局（いずれも当時）

　資料「新たな外国人技能実習制度について」（平成29年3月）より抜粋。

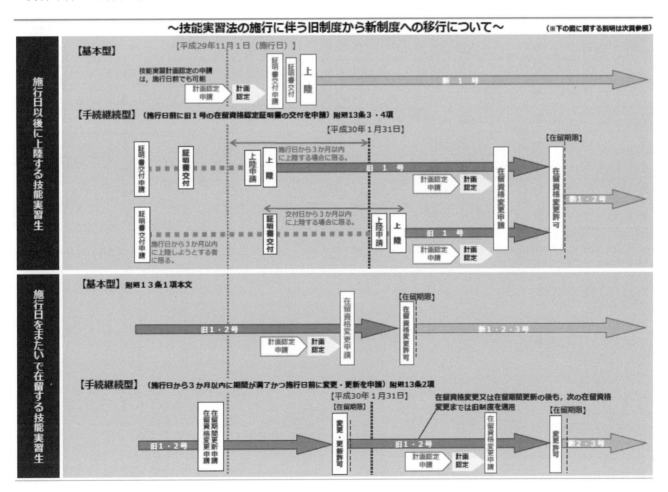

第4部
我が国の技能実習制度、特定技能制度の概況
（各種統計データより）

1 外国人の入国・在留の状況

(1) 外国人新規入国者数の推移

① 国籍・地域別

第4－1表　国籍・地域別外国人新規入国者の推移

(単位：人)

国籍・地域	2017年	2018年	2019年		
				構成比	前年比
ア ジ ア（小　計）	21,283,704	23,322,082	23,527,657	82.8%	0.9%
中　　　　　国	4,839,034	5,952,742	7,424,274	26.1%	19.8%
韓　　　　　国	6,946,352	7,325,595	5,339,079	18.8%	－37.2%
台　　　　　湾	4,227,865	4,407,523	4,520,610	15.9%	2.5%
中　国〔香　港〕	2,111,058	2,090,362	2,158,819	7.6%	3.2%
タ　　　　　イ	969,321	1,112,626	1,297,092	4.6%	14.2%
フ ィ リ ピ ン	395,808	443,236	571,685	2.0%	22.5%
シ ン ガ ポ ー ル	395,494	429,760	484,057	1.7%	11.2%
マ レ ー シ ア	420,101	450,462	483,485	1.7%	6.8%
イ ン ド ネ シ ア	333,690	376,678	390,645	1.4%	3.6%
ベ ト ナ ム	232,706	288,354	353,633	1.2%	18.5%
そ　の　他	412,275	444,744	504,278	1.8%	11.8%
ヨ ー ロ ッ パ	1,479,285	1,669,218	1,942,071	6.8%	14.0%
ア フ リ カ	28,259	31,519	47,363	0.2%	33.5%
北　　　　　米	1,662,078	1,836,152	2,074,784	7.3%	11.5%
南　　　　　米	99,310	112,802	118,628	0.4%	4.9%
オ セ ア ニ ア	538,656	601,844	691,351	2.4%	12.9%
無　国　籍	728	615	655	0.0%	6.1%
合　　　　　計	25,092,020	27,574,232	28,402,509	100.0%	2.9%

資料出所　法務省資料に基づき JITCO 作成

注　中国（香港）は、中国国籍を有する人で、香港特別行政区旅券（SAR 旅券）を所持する人である（有効期間内の旧香港政庁発給身分証明
　　書を所持する中国国籍者を含む）。

② 在留資格別

第4−2表　在留資格別外国人新規入国者の推移

(単位：人)

在　留　資　格	2017年	2018年	2019年		
				構成比	前年比
外　　　　　　交	9,092	9,072	12,206	0.0%	34.5%
公　　　　　　用	29,684	33,217	42,934	0.2%	29.3%
教　　　　　　授	3,166	3,194	3,185	0.0%	−0.3%
芸　　　　　　術	394	435	474	0.0%	9.0%
宗　　　　　　教	924	872	949	0.0%	8.8%
報　　　　　　道	88	43	69	0.0%	60.5%
高 度 専 門 職 1 号 イ	16	26	37	0.0%	42.3%
高 度 専 門 職 1 号 ロ	250	432	624	0.0%	44.4%
高 度 専 門 職 1 号 ハ	36	73	118	0.0%	61.6%
経　営　・　管　理	1,660	1,790	2,237	0.0%	25.0%
法 律 ・ 会 計 業 務	2	4	5	0.0%	25.0%
医　　　　　　療	63	55	58	0.0%	5.5%
研　　　　　　究	380	368	364	0.0%	−1.1%
教　　　　　　育	2,992	3,432	3,463	0.0%	0.9%
技術・人文知識・国際業務	25,063	34,182	43,880	0.2%	28.4%
企　業　内　転　勤	8,665	9,478	9,964	0.0%	5.1%
介　　　　　　護	1	1	4	0.0%	300.0%
興　　　　　　行	39,929	42,703	45,486	0.2%	6.5%
技　　　　　　能	3,692	3,551	4,355	0.0%	22.6%
特 定 技 能 1 号	—	—	563	0.0%	—
特 定 技 能 2 号	—	—	—	—	—
技 能 実 習 1 号 イ	7,492	6,222	6,300	0.0%	1.3%
技 能 実 習 1 号 ロ	120,179	137,973	167,405	0.6%	21.3%
技 能 実 習 2 号 イ	—	12	8	0.0%	−33.3%
技 能 実 習 2 号 ロ	9	242	183	0.0%	−24.4%
技 能 実 習 3 号 イ	—	64	226	0.0%	253.1%
技 能 実 習 3 号 ロ	8	5,648	14,750	0.1%	161.2%
文　　化　　活　　動	3,377	3,539	3,793	0.0%	7.2%
短　　期　　滞　　在	24,617,024	27,054,549	27,810,548	97.9%	2.8%
留　　　　　　学	123,232	124,269	121,637	0.4%	−2.1%
研　　　　　　修	16,393	13,389	12,985	0.0%	−3.0%
家　　族　　滞　　在	27,288	27,952	31,788	0.1%	13.7%
特　　定　　活　　動	22,444	27,752	31,712	0.1%	14.3%
日 本 人 の 配 偶 者 等	9,998	10,466	10,694	0.0%	2.2%
永 住 者 の 配 偶 者 等	2,170	2,081	1,990	0.0%	−4.4%
定　　住　　　　者	16,309	17,146	17,515	0.1%	2.2%
合　　　　　　計	25,092,020	27,574,232	28,402,509	100.0%	3.0%

資料出所　法務省資料に基づき JITCO 作成
注　2017年9月1日から在留資格「介護」、2017年11月1日から在留資格「技能実習3号イ及び3号ロ」、2019年4月1日から在留資格「特定技能1号」「特定技能2号」が新設された。

(2) 在留外国人数の推移

① 国籍・地域別

第4—3表　国籍・地域別在留外国人数の推移

(単位：人)

国籍・地域	2017年	2018年	2019年		
				構成比	前年比
アジア（小　計）	2,130,131	2,279,097	2,461,731	83.9%	8.0%
中　　　　　国	730,890	764,720	813,675	27.7%	6.4%
韓　　　　　国	450,663	449,634	446,364	15.2%	−0.7%
ベ　ト　ナ　ム	262,405	330,835	411,968	14.0%	24.5%
フ ィ リ ピ ン	260,553	271,289	282,798	9.6%	4.2%
ネ　パ　ー　ル	80,038	88,951	96,824	3.3%	8.9%
イ ン ド ネ シ ア	49,982	56,346	66,860	2.3%	18.7%
台　　　　　湾	56,724	60,684	64,773	2.2%	6.7%
タ　　　　　イ	50,179	52,323	54,809	1.9%	4.8%
イ　ン　　　ド	31,689	35,419	40,202	1.4%	13.5%
朝　　　　　鮮	30,859	29,559	28,096	1.0%	−4.9%
そ　の　　　他	126,149	139,337	155,362	5.3%	11.5%
ヨ　ー　ロ　ッ　パ	75,704	80,221	84,142	2.9%	4.9%
ア　フ　リ　カ	15,939	16,622	17,923	0.6%	7.8%
北　　　　　米	71,053	73,603	76,123	2.6%	3.4%
南　　　　　米	253,663	265,214	276,097	9.4%	4.1%
オ　セ　ア　ニ　ア	14,725	15,660	16,475	0.6%	5.2%
無　　国　　籍	633	676	646	0.0%	−4.4%
合　　　　　計	2,561,848	2,731,093	2,933,137	100.0%	7.4%

資料出所　法務省資料に基づき JITCO 作成

② 在留資格別

第4—4表　在留資格別在留外国人数

（単位：人）

在留資格	2017年	2018年	2019年	構成比	対前年末増減率
特別永住者	329,822	321,416	312,501	10.7%	−2.8%
中長期在留者	2,232,026	2,409,677	2,620,636	89.3%	8.8%
永住者	749,191	771,568	793,164	27.0%	2.8%
留学	311,505	337,000	345,791	11.8%	2.6%
特定技能1号	—	—	1,621	0.1%	—
特定技能2号	—	—	—	—	—
技能実習	274,233	328,360	410,972	14.0%	25.2%
技能実習1号イ	5,971	5,128	4,975	0.2%	−3.0%
技能実習1号ロ	118,101	138,249	164,408	5.6%	18.9%
技能実習2号イ	3,424	3,712	4,268	0.1%	15.0%
技能実習2号ロ	146,729	173,873	210,965	7.2%	21.3%
技能実習3号イ	0	220	605	0.0%	175.0%
技能実習3号ロ	8	7,178	25,751	0.9%	258.7%
定住者	179,834	192,014	204,787	7.0%	6.7%
技術・人文知識・国際業務	189,273	225,724	271,999	9.3%	20.5%
家族滞在	166,561	182,452	201,423	6.9%	10.4%
日本人の配偶者等	140,839	142,381	145,254	5.0%	2.0%
特定活動	64,776	62,956	65,187	2.2%	3.5%
技能	39,177	39,915	41,692	1.4%	4.5%
永住者の配偶者等	34,632	37,998	41,517	1.4%	9.3%
経営・管理	24,033	25,670	27,249	0.9%	6.2%
企業内転勤	16,486	17,328	18,193	0.6%	5.0%
教育	11,524	12,462	13,331	0.5%	7.0%
教授	7,403	7,360	7,354	0.3%	−0.1%
宗教	4,402	4,299	4,285	0.1%	−0.3%
高度専門職	7,668	11,061	14,924	0.5%	34.9%
高度専門職1号イ	1,194	1,576	1,884	0.1%	19.5%
高度専門職1号ロ	6,046	8,774	11,886	0.4%	35.5%
高度専門職1号ハ	257	395	570	0.0%	44.3%
高度専門職2号	171	316	584	0.0%	84.8%
文化活動	2,859	2,825	3,013	0.1%	6.7%
興行	2,094	2,389	2,508	0.1%	5.0%
研究	1,596	1,528	1,480	0.1%	−3.1%
研修	1,460	1,443	1,177	0.0%	−18.4%
医療	1,653	1,936	2,269	0.1%	17.2%
芸術	426	461	489	0.0%	6.1%
報道	236	215	220	0.0%	2.3%
法律・会計業務	147	147	145	0.0%	−1.4%
介護	18	185	592	0.0%	220.0%
合計	2,561,848	2,731,093	2,933,137	100.0%	7.4%

資料出所　法務省資料に基づきJITCO作成
注1　上表の数値は各年末現在のものである。
　2　2017年9月1日から在留資格「介護」、2017年11月1日から在留資格「技能実習3号イ及び3号ロ」、2019年4月1日から在留資格「特定技能1号」「特定技能2号」が新設された。

2 外国人技能実習生・研修生の受入れ状況

(1) 技能実習生・研修生新規入国者の推移

第4-5表 国籍・地域別外国人技能実習生・研修生新規入国者の推移

(単位：人)

国籍・地域	2017年	2018年	2019年					
			合計	構成比	前年比	技能実習イ	技能実習ロ	研修
ア　ジ　ア　（計）	137,499	158,584	196,838	97.5%	24.1%	6,342	182,296	8,200
ベ　ト　ナ　ム	59,768	76,735	99,862	49.5%	30.1%	1,116	97,940	806
中　　　　　国	34,778	35,450	38,025	18.8%	7.3%	1,633	35,817	575
フ　ィ　リ　ピ　ン	13,417	13,183	16,150	8.0%	22.5%	1,280	14,451	419
イ　ン　ド　ネ　シ　ア	10,821	13,729	17,725	8.8%	29.1%	717	16,159	849
ミ　ャ　ン　マ　ー	4,187	4,558	7,508	3.7%	64.7%	187	6,655	666
タ　　　　　イ	5,284	5,637	6,078	3.0%	7.8%	942	4,415	721
カ　ン　ボ　ジ　ア	3,332	3,777	4,969	2.5%	31.6%	27	4,656	286
モ　ン　ゴ　ル	1,099	1,145	1,495	0.7%	30.6%	2	1,175	318
イ　　ン　　ド	881	1,017	1,110	0.5%	9.1%	106	151	853
マ　レ　ー　シ　ア	551	640	653	0.3%	2.0%	210	11	432
そ　の　他	3,381	2,713	3,263	1.6%	20.3%	122	866	2,275
ヨ　ー　ロ　ッ　パ	847	662	730	0.4%	10.3%	21	36	673
ア　フ　リ　カ	3,210	2,320	2,324	1.2%	0.2%	25	―	2,299
北　　　　　米	1,035	782	887	0.4%	13.4%	85	―	802
南　　　　　米	940	793	716	0.4%	-9.7%	61	6	649
オ　セ　ア　ニ　ア	543	406	360	0.2%	-11.3%	―	―	360
無　　国　　籍	7	3	2	0.0%	-33.3%	―	―	2
合　　　　　計	144,081	163,550	201,857	100.0%	23.4%	6,534	182,338	12,985

資料出所　法務省資料に基づき JITCO 作成

注　技能実習イは「技能実習1号イ」及び「技能実習2号イ」、「技能実習3号イ」の、技能実習ロは「技能実習1号ロ」及び「技能実習2号ロ」、「技能実習3号ロ」の合計である。

(2) 在留技能実習生・研修生の状況

① 国籍別　在留技能実習生の状況

第4-6表 国籍別 在留技能実習生の推移

(単位：人)

	2016年末	2017年末	2018年末	2019年末	
				対前年末増減率	構成比
ベ　ト　ナ　ム	88,211	123,563	164,499	218,727	33.0%	53.2%
中　　　　　国	80,857	77,567	77,806	82,370	5.9%	20.0%
フ　ィ　リ　ピ　ン	22,674	27,809	30,321	35,874	18.3%	8.7%
イ　ン　ド　ネ　シ　ア	18,725	21,894	26,914	35,404	31.5%	8.6%
ミ　ャ　ン　マ　ー	3,960	6,144	8,432	13,118	55.6%	3.2%
タ　　　　　イ	7,279	8,430	9,639	11,325	17.5%	2.8%
カ　ン　ボ　ジ　ア	4,865	6,180	7,424	9,516	28.2%	2.3%
モ　ン　ゴ　ル	774	1,099	1,484	2,123	43.1%	0.5%
ス　リ　ラ　ン　カ	265	341	487	740	52.0%	0.2%
ラ　　オ　　ス	394	429	480	555	15.6%	0.1%
そ　の　他	584	777	874	1,220	39.6%	0.3%
合　　　　　計	228,588	274,233	328,360	410,972	25.2%	100.0%

資料出所　法務省資料に基づき JITCO 作成

② 都道府県別　在留技能実習生・研修生の状況

第4－7表　都道府県別 在留技能実習生・研修生の状況（2019年末）

（単位：人）

	技能実習 合計	技能実習 1号イ	技能実習 1号ロ	技能実習 2号イ	技能実習 2号ロ	技能実習 3号イ	技能実習 3号ロ	研修
北 海 道	13,441	22	5,358	33	7,089	19	901	19
青　　森	2,553	4	965	22	1,377	20	164	1
岩　　手	3,718	59	1,491	16	1,933	—	214	5
宮　　城	5,024	5	1,999	6	2,628	—	379	7
秋　　田	1,349	7	529	11	696	—	106	—
山　　形	2,680	35	1,049	26	1,397	12	153	8
福　　島	4,969	85	1,996	46	2,502	—	329	11
茨　　城	17,695	169	7,032	68	9,670	26	684	46
栃　　木	8,344	120	3,312	46	4,385	2	452	27
群　　馬	10,952	161	4,635	30	5,543	2	572	9
埼　　玉	20,789	118	8,637	100	10,380	17	1,470	67
千　　葉	19,299	106	7,970	82	9,859	7	1,241	34
東　　京	12,574	159	5,463	30	5,900	2	904	116
神 奈 川	15,111	338	6,481	86	7,160	3	972	71
新　　潟	4,729	70	1,917	28	2,354	—	351	9
富　　山	6,895	50	2,535	80	3,786	6	424	14
石　　川	6,395	36	2,437	56	3,437	6	419	4
福　　井	5,200	24	1,837	36	2,833	1	457	12
山　　梨	2,232	18	976	14	1,135	3	80	6
長　　野	7,060	92	2,551	101	3,845	21	423	27
岐　　阜	15,975	98	6,067	163	8,608	9	976	54
静　　岡	16,014	509	6,086	118	8,382	—	848	71
愛　　知	42,578	681	16,332	650	22,053	18	2,670	174
三　　重	12,806	240	4,927	387	6,492	72	678	10
滋　　賀	6,383	123	2,883	46	3,037	2	281	11
京　　都	5,278	71	2,143	64	2,619	15	338	28
大　　阪	18,948	186	8,346	108	8,821	11	1,361	115
兵　　庫	13,905	171	5,449	138	7,064	21	1,048	14
奈　　良	2,895	24	1,215	20	1,414	—	220	2
和 歌 山	1,339	10	643	9	602	—	69	6
鳥　　取	1,818	39	691	55	934	—	96	3
島　　根	2,285	16	805	16	1,257	2	188	1
岡　　山	10,577	206	3,965	245	5,335	21	792	13
広　　島	17,662	282	6,543	397	9,113	53	1,261	13
山　　口	5,235	56	2,149	51	2,640	6	322	11
徳　　島	3,141	6	1,157	16	1,667	1	290	4
香　　川	6,740	251	2,355	287	3,235	94	510	8
愛　　媛	7,186	151	2,671	231	3,567	83	474	9
高　　知	1,970	12	737	8	1,071	—	136	6
福　　岡	14,533	46	6,202	157	7,308	43	729	48
佐　　賀	3,376	6	1,395	22	1,727	2	218	6
長　　崎	3,243	14	1,256	55	1,734	—	167	17
熊　　本	9,172	41	3,532	93	5,067	2	432	5
大　　分	4,495	43	1,843	4	2,380	—	222	3
宮　　崎	4,053	1	1,707	2	2,120	—	212	11
鹿 児 島	6,217	7	2,531	6	3,345	—	326	2
沖　　縄	3,142	—	1,516	3	1,454	—	146	23
未定・不詳	174	7	92	—	10	3	46	16
合　　　計	412,149	4,975	164,408	4,268	210,965	605	25,751	1,177

資料出所　法務省資料に基づき JITCO 作成

③　年齢別・性別　在留技能実習生・研修生の状況

第4─8表　年齢別・性別　在留技能実習生・研修生数（2019年末）

(単位：人)

		技能実習	技能実習 1号イ	技能実習 1号ロ	技能実習 2号イ	技能実習 2号ロ	技能実習 3号イ	技能実習 3号ロ	研　修
20歳未満	男	9,817	116	9,291	16	391	─	─	3
	女	12,410	33	11,677	2	696	─	─	2
	小計	22,227	149	20,968	18	1,087	─	─	5
20〜24歳	男	96,889	621	42,632	557	50,614	8	2,327	130
	女	68,947	445	25,767	298	39,900	11	2,454	72
	小計	165,836	1,066	68,399	855	90,514	19	4,781	202
25〜29歳	男	76,349	1,004	24,740	919	41,885	75	7,400	326
	女	43,467	464	14,892	417	24,089	32	3,422	151
	小計	119,816	1,468	39,632	1,336	65,974	107	10,822	477
30〜34歳	男	39,432	816	13,651	877	20,019	102	3,777	190
	女	26,143	313	8,726	339	14,302	40	2,350	73
	小計	65,575	1,129	22,377	1,216	34,321	142	6,127	263
35〜39歳	男	13,310	525	4,506	408	6,295	152	1,311	113
	女	11,985	212	3,905	178	6,309	33	1,301	47
	小計	25,295	737	8,411	586	12,604	185	2,612	160
40〜44歳	男	2,595	194	867	125	1,001	77	293	38
	女	6,482	114	2,333	70	3,302	18	635	10
	小計	9,077	308	3,200	195	4,303	95	928	48
45歳以上	男	661	76	202	30	228	46	62	17
	女	3,662	42	1,219	32	1,934	11	419	5
	小計	4,323	118	1,421	62	2,162	57	481	22
合　計	男	239,053	3,352	95,889	2,932	120,433	460	15,170	817
	女	173,096	1,623	68,519	1,336	90,532	145	10,581	360
	合計	412,149	4,975	164,408	4,268	210,965	605	25,751	1,177

資料出所　法務省資料に基づき JITCO 作成

3 外国人技能実習生・研修生の不法残留等の状況

① 不法残留者等の状況

ア 不法残留者等の状況

2019年中に入管法違反により退去強制手続きを執られた外国人は19,386人であり、そのうち、不法就労の事実が認められた者は12,816人で全体の66.1%となっている。

また、2020年1月1日時点で本邦に不法残留している外国人の総数は、82,892人となっており、前年より8,725人増加している。

（参考1）「不法就労」とは、許可なく収入を伴う事業を運営する活動又は報酬を受ける活動に従事することをいう。

（参考2）「不法残留」とは、許可された在留期間を経過して在留していることをいう。

第4－9表　被退去強制者の推移

（単位：人）

		被退去強制者	うち不法就労者数
2017年	人　数	13,686	9,134
2018年	人　数	16,269	10,086
2019年	人　数	19,386	12,816
	前　年　比	19.2%	27.1%

資料出所　法務省資料に基づき JITCO 作成

第4－10表　不法残留者の推移

（単位：人）

		不法残留者
2018年1月1日現在	人　数	66,498
2019年1月1日現在	人　数	74,167
2020年1月1日現在	人　数	82,892
	前　年　比	11.8%

資料出所　法務省資料に基づき JITCO 作成

イ 在留資格別不法在留者の状況

2020年1月1日時点での不法在留者総数82,892人を在留資格別にみると、最も多いのが、「短期滞在」の51,239人で全体の61.8%、次いで「技能実習」の12,427人で15.1%、「留学」の5,543人で6.2%となっている。

第4－11表　在留資格別不法残留者の推移

（単位：人）

		合　計	短期滞在	技能実習	留学	日本人の配偶者等	特定活動	その他
2018年1月1日現在	人　数	66,498	44,592	6,914	4,100	3,092	2,286	5,514
2019年1月1日現在	人　数	74,167	47,399	9,366	4,708	2,946	4,224	5,524
2020年1月1日現在	人　数	82,892	51,239	12,427	5,543	2,687	5,688	5,308
	構成比	100.0%	61.8%	15.0%	6.7%	3.2%	6.9%	6.4%
	前年比	11.8%	8.1%	32.7%	17.7%	−8.8%	34.7%	−3.9%

資料出所　法務省
注　技能実習は「技能実習1号イ」、「技能実習1号ロ」、「技能実習2号イ」及び「技能実習2号ロ」、「技能実習3号イ」及び「技能実習3号ロ」の合計である。

4 技能実習制度における監理団体の許可状況等

2016年11月28日、外国人の技能実習の適正な実施及び技能実習生の保護に関する法律（技能実習法）が公布され、2017年11月1日に施行された。

技能実習制度は、従来より「出入国管理及び難民認定法」（昭和26年政令第319号。以下「入管法」という。）とその省令を根拠法令として実施されてきたが、今般、技能実習制度の見直しに伴い、新たに技能実習法とその関連法令が制定され、これまで入管法令で規定されていた多くの部分が、この技能実習法令で規定されることとなった。

技能実習法に基づく外国人技能実習制度では、技能実習の適正な実施や技能実習生の保護の観点から、監理団体の許可制や技能実習計画の認定制、二国間取決め締結等の仕組みが新たに導入された一方、優良な監理団体・実習実施者に対しては実習期間の延長や受入れ人数枠の拡大などの制度の拡充も図られている。

本項では、新制度における監理団体の許可状況、二国間取り決めに基づく送出機関の認定状況について掲載した。

(1) 監理団体の許可状況

監理事業を行おうとする者は、外国人技能実習機構へ監理団体の許可申請を行い、主務大臣の許可を受けなければならない。監理団体として満たさなければならない要件は、技能実習法令で定められている。

監理団体の許可には、特定監理事業と一般監理事業の2つの区分がある。特定監理事業の許可を受ければ第1号から第2号まで、一般監理事業の許可を受ければ第1号から第3号までの技能実習に係る監理事業を行うことができる。

第4—12表　監理団体の許可状況
（2020年8月6日現在）

	許可監理団体数
一 般 監 理 事 業 許 可	1,503
特 定 監 理 事 業 許 可	1,578
合　　　　計	3,081

資料出所　外国人技能実習機構公表データに基づき JITCO 作成

① 団体監理型　団体種別
第4—13表　団体監理型　団体種別　監理団体新規許可件数の推移

	2017年度	2018年度	2019年度	合　計
一 般 監 理 事 業	743	24	1	768
特 定 監 理 事 業	1,291	462	421	2,174
特定監理事業から一般監理事業への変更	60	416	296	772
商 工 会 議 所	14	0	0	14
商 工 会	38	9	4	51
中 小 企 業 団 体	1,812	436	402	2,650
職 業 訓 練 法 人	8	2	1	11
農 業 協 同 組 合	68	5	0	73
漁 業 協 同 組 合	48	21	5	74
公 益 社 団 法 人	16	3	2	21
公 益 財 団 法 人	9	7	7	23
そ の 他	21	3	1	25
合　　　　計	2,034	486	422	2,942

資料出所　外国人技能実習機構公表資料に基づき JITCO 作成
注　上記団体種別のうち、「その他」については「外国人の技能実習の適正な実施及び技能実習生の保護に関する法律施行規則」第29条第1項第9号に定める本邦の営利を目的としない法人である。

② 都道府県別

第4―14表　都道府県別監理団体の許可状況

(2020年8月6日現在)

都道府県	一般監理事業監理団体数	特定監理事業監理団体数	合計
北 海 道	33	59	92
青 森 県	11	13	24
岩 手 県	12	9	21
宮 城 県	12	14	26
秋 田 県	9	7	16
山 形 県	10	10	20
福 島 県	12	18	30
茨 城 県	49	91	140
栃 木 県	21	14	35
群 馬 県	25	40	65
埼 玉 県	37	59	96
千 葉 県	35	86	121
東 京 都	178	132	310
神奈川県	26	35	61
新 潟 県	16	6	22
富 山 県	33	16	49
石 川 県	17	8	25
福 井 県	31	6	37
山 梨 県	6	3	9
長 野 県	24	36	60
岐 阜 県	74	49	123
静 岡 県	46	57	103
愛 知 県	143	148	291
三 重 県	48	37	85
滋 賀 県	16	14	30
京 都 府	8	18	26
大 阪 府	74	117	191
兵 庫 県	35	48	83
奈 良 県	14	8	22
和歌山県	4	5	9
鳥 取 県	12	8	20
島 根 県	9	5	14
岡 山 県	50	39	89
広 島 県	106	55	161
山 口 県	17	22	39
徳 島 県	32	17	49
香 川 県	43	35	78
愛 媛 県	30	20	50
高 知 県	9	13	22
福 岡 県	62	85	147
佐 賀 県	9	3	12
長 崎 県	11	26	37
熊 本 県	25	24	49
大 分 県	12	25	37
宮 崎 県	5	9	14
鹿児島県	8	22	30
沖 縄 県	4	7	11
計	1,503	1,578	3,081

資料出所　外国人技能実習機構公表データに基づき JITCO 作成

③　取扱職種別

第4―15表　取扱職種別監理団体の許可状況

(2020年8月6日現在)

分野	職種（2号移行対象職種）	一般監理事業監理団体数	特定監理事業監理団体数	合　　計
農業	耕種農業	719	468	1,187
	畜産農業	486	202	688
	小計	1,205	670	1,875
漁業	漁船漁業	29	43	72
	養殖業	62	27	89
	小計	91	70	161
建設	さく井	838	638	1,476
	建築板金	732	592	1,324
	冷凍空気調和機器施工	331	217	548
	建具製作	248	192	440
	建築大工	549	434	983
	型枠施工	672	495	1,167
	鉄筋施工	637	422	1,059
	とび	805	603	1,408
	石材施工	277	217	494
	タイル張り	320	247	567
	かわらぶき	271	200	471
	左官	486	333	819
	配管	559	412	971
	熱絶縁施工	284	190	474
	内装仕上げ施工	538	395	933
	サッシ施工	253	224	477
	防水施工	460	311	771
	コンクリート圧送施工	284	209	493
	ウェルポイント施工	140	132	272
	表装	285	242	527
	建設機械施工	653	522	1,175
	築炉	105	97	202
	小計	9,727	7,324	17,051
食料品製造	缶詰巻締	292	156	448
	食鳥処理加工業	285	110	395
	加熱性水産加工食品製造業	510	204	714
	非加熱性水産加工食品製造業	528	210	738
	水産練り製品製造	309	115	424
	牛豚食肉処理加工業	330	139	469
	ハム・ソーセージ・ベーコン製造	341	122	463
	パン製造	409	176	585
	そう菜製造業	702	344	1,046
	農産物漬物製造業	76	40	116
	医療・福祉施設給食製造作業	110	94	204
	小計	3,892	1,710	5,602
繊維・衣服	紡績運転	360	102	462
	織布運転	156	40	196
	染色	142	35	177
	ニット製品製造	109	40	149
	たて編ニット生地製造	87	23	110
	婦人子供服製造	559	175	734
	紳士服製造	211	70	281

第4─15表　取扱職種別監理団体の許可状況（続）

(2020年8月6日現在)

分野	職種（2号移行対象職種）	一般監理事業監理団体数	特定監理事業監理団体数	合　計
繊維・衣服	下着類製造	128	37	165
	寝具製作	146	31	177
	カーペット製造	69	27	96
	帆布製品製造	233	53	286
	布はく縫製	112	40	152
	座席シート縫製	165	43	208
	小計	2,477	716	3,193
機械・金属	鋳造	829	418	1,247
	鍛造	182	80	262
	ダイカスト	242	88	330
	機械加工	717	359	1,076
	金属プレス加工	616	305	921
	鉄工	474	230	704
	工場板金	445	208	653
	めっき	344	122	466
	アルミニウム陽極酸化処理	137	56	193
	仕上げ	407	196	603
	機械検査	372	171	543
	機械保全	360	179	539
	電子機器組立て	505	226	731
	電気機器組立て	369	159	528
	プリント配線板製造	193	100	293
	小計	6,192	2,897	9,089
その他	家具製作	753	722	1,475
	印刷	280	105	385
	製本	221	63	284
	プラスチック成形	678	273	951
	強化プラスチック成形	185	80	265
	塗装	820	447	1,267
	溶接	864	466	1,330
	工業包装	515	238	753
	紙器・段ボール箱製造	246	83	329
	陶磁器工業製品製造	39	19	58
	自動車整備	275	145	420
	ビルクリーニング	365	250	615
	介護	381	471	852
	リネンサプライ	79	48	127
	コンクリート製品製造	47	12	59
	空港グランドハンドリング	3	1	4
	小計	5,751	2,701	8,452
合　計		29,335	11,412	40,747

資料出所　外国人技能実習機構公表データに基づき JITCO 作成
注　1監理団体につき、2つ以上の取扱職種（2号移行対象職種）がある場合には、重複計上している。

④ 受入れ国別

第4—16表　受入れ国別監理団体の許可状況

（2020年8月6日現在）

国名	一般監理事業監理団体数	特定監理事業監理団体数	合　計
ベ　ト　ナ　ム	1,234	1,056	2,290
中　　　　　国	1,107	566	1,673
フ　ィ　リ　ピ　ン	463	285	748
イ　ン　ド　ネ　シ　ア	425	276	701
カ　ン　ボ　ジ　ア	349	148	497
ミ　ャ　ン　マ　ー	365	268	633
タ　　　　　イ	220	68	288
モ　ン　ゴ　ル	104	53	157
ネ　パ　ー　ル	41	27	68
ス　リ　ラ　ン　カ	44	20	64
バ　ン　グ　ラ　デ　シ　ュ	26	5	31
ラ　オ　ス	19	7	26
イ　ン　ド	17	16	33
キ　ル　ギ　ス	4	3	7
ブ　ー　タ　ン	2	1	3
マ　レ　ー　シ　ア	1	0	1
ペ　ル　ー	1	0	1
ウ　ズ　ベ　キ　ス　タ　ン	7	7	14
パ　キ　ス　タ　ン	1	0	1
合　　　　　計	4,430	2,806	7,236

資料出所　外国人技能実習機構公表データに基づき JITCO 作成
注　1監理団体につき、2つ以上の受入れ国がある場合には、重複計上している。

(2) 技能実習制度に関する二国間取決め締結状況と送出機関の認定状況

　技能実習制度においては、日本政府と送出し国政府との間で二国間取決めを締結し、各送出し国政府において自国の送出機関の適格性を個別に審査し、適正なもののみを認定する仕組みを構築することとされている。認定された送出機関名については、送出し国政府から日本政府に通知されることとされており、当該取決めに基づく制度に移行した後からは、送出し国政府が認定した機関を除いて、当該送出し国からの送り出しが認められなくなる。

　2020年8月14日現在、ベトナム、カンボジア、インド、フィリピン、ラオス、モンゴル、バングラデシュ、スリランカ、ミャンマー、ブータン、ウズベキスタン、パキスタン、タイ、インドネシアの14ヶ国において二国間取決めが締結されており、送出機関の認定がなされている。

第4—17表　技能実習制度に関する二国間取決め締結状況と送出機関の認定状況

(2020年8月14日現在)

	＜二国間取決め締結状況＞			
	締結日	発効日	送出機関認定手続	認定送出機関以外からの受入停止
ベ ト ナ ム	2017年6月6日	2017年11月1日	390機関の認定	2018年9月1日から
カ ン ボ ジ ア	2017年7月11日	2017年11月1日	90機関の認定	2018年6月1日から
イ ン ド	2017年10月17日	両国が協力開始の通知をした日から30日後に開始する	25機関の認定	2018年5月1日から
フ ィ リ ピ ン	2017年11月21日	2017年11月21日	275機関の認定	2018年9月1日から
ラ オ ス	2017年12月9日	両国が協力開始の通知をした日から30日後に開始する	19機関の認定	2018年8月1日から
モ ン ゴ ル	2017年12月21日	2017年12月21日	85機関の認定	2018年12月1日から
バングラデシュ	2018年1月29日	2018年1月29日	27機関の認定	2018年9月1日から
ス リ ラ ン カ	2018年2月1日	2018年2月1日	63機関の認定	2018年12月15日から
ミ ャ ン マ ー	2018年4月19日	2018年4月19日	253機関の認定	2018年11月1日から
ブ ー タ ン	2018年10月3日	2018年10月3日	1機関の認定	2018年10月3日から
ウズベキスタン	2019年1月15日	2019年1月15日	36機関の認定	2019年1月15日から
パ キ ス タ ン	2019年2月26日	2019年2月26日	2機関の認定	2019年12月1日から
タ イ	2019年3月27日	2019年3月27日	57機関の認定	2020年2月1日から
インドネシア	2019年6月25日	2019年6月25日	234機関の認定	2018年11月1日から

資料出所　外国人技能実習機構公表データに基づき JITCO 作成
注　中国、ネパール、ペルー等については、2020年8月現在、二国間取決めは未締結である。

5 外国人技能実習機構（OTIT）による技能実習計画の認定及び実地検査の実施状況

(1) 技能実習計画認定件数の状況

技能実習計画の認定件数から、技能実習の状況を概観していく。

技能実習を行わせようとする者（実習実施者）は、技能実習生ごとに技能実習計画を作成し、OTITへ認定申請を行うこととなっている。認定後、技能実習生が来日しなかったり、前の段階の技能実習の途中で帰国するなどして、実際には技能実習を開始しない事例や実習先の変更を行い、同じ技能実習生が再度の計画認定を受けた事例等があるため、技能実習生の人数とは必ずしも一致しない。

なお、2017年度、2018年度については、制度改正に伴い、同じ段階の技能実習の移行者（例：旧2号から新2号）が含まれている。

① 技能実習区分別　技能実習計画認定件数の推移

2019年度における技能実習計画の認定件数は366,167件である。（前年度と比較すると5.9％の減少となっているが、これは2018年度の技能実習計画認定件数に、旧制度の技能実習の2年目から3年目への在留期間更新における計画認定の数字が含まれていることが主な要因と思われる。）（P.57　参照）

また、技能実習区分別に見ると、団体監理型は356,310件で97.3％、企業単独型は9,857件で2.7％となっており、団体監理型が多数を占めている。

なお、2017年度の認定件数については、現行の技能実習制度が年度途中（2017年11月）に施行されたこと、また制度改正に伴う経過措置として、2018年1月31日までに在留期間の満了日または入国予定日を迎える技能実習生については旧制度での申請も認めることとされ、対象者の多くが旧制度を選択したことから、数字が小さくなっている。

第4—18表　技能実習区分別　技能実習計画認定件数の推移

	2017年度	2018年度	2019年度 件　数	2019年度 前年度比
第1号企業単独型技能実習	1,003	7,613	6,697	−12.0％
第2号企業単独型技能実習	1,036	3,312	2,746	−17.1％
第3号企業単独型技能実習	27	440	414	−5.9％
企業単独型技能実習　計	2,066	11,365	9,857	−13.3％
第1号団体監理型技能実習	23,899	182,881	183,354	0.3％
第2号団体監理型技能実習	36,669	181,077	147,528	−18.5％
第3号団体監理型技能実習	993	13,998	25,428	81.7％
団体監理型技能実習　計	61,561	377,956	356,310	−5.7％
合　　　計	63,627	389,321	366,167	−5.9％

資料出所　外国人技能実習機構公表資料に基づきJITCO作成
注　2017年度のデータは、2017年11月〜2018年3月までの件数を集計したものである（P.57　参照）

② 年齢別・男女別 技能実習計画認定件数の推移

2019年度における技能実習計画認定件数を年齢別・男女別にみると、男性が212,407件で58.0%、女性が153,760件で42.0%となっている。年齢別では20歳以上30歳未満が64.5%を占めている。前年度からは特段の変化はなかった。20歳～34歳では、男性が176,741件と女性の109,481件を上回る一方、40歳以上では女性が8,438件と男性2,685件を上回っている。

第4−19表　年齢・男女別　技能実習計画認定件数の推移

(単位：件)

		2017年度	2018年度	2019年度								
				小計	構成比	前年度比	企業単独型			団体監理型		
							1号	2号	3号	1号	2号	3号
20歳未満	男	2,195	7,774	22,944	6.3%	195.1%	168	18,015	90	4,670	0	1
	女	3,316	10,171	26,632	7.3%	161.8%	62	19,370	17	7,183	0	0
	小計	5,511	17,945	49,576	13.5%	176.3%	230	37,385	107	11,853	0	1
20～24歳	男	14,691	87,751	89,349	24.4%	1.8%	875	44,268	478	39,988	19	3,721
	女	10,443	63,214	56,065	15.3%	−11.3%	500	26,376	221	25,567	19	3,382
	小計	25,134	150,965	145,414	39.7%	−3.7%	1,375	70,644	699	65,555	38	7,103
25～29歳	男	11,156	73,807	57,157	15.6%	−22.6%	1,405	24,960	620	24,088	69	6,015
	女	6,847	43,108	33,743	9.2%	−21.7%	572	15,353	202	14,258	44	3,314
	小計	18,003	116,915	90,900	24.8%	−22.3%	1,977	40,313	822	38,346	113	9,329
30～34歳	男	5,107	37,493	30,235	8.3%	−19.4%	1,161	13,311	481	12,143	88	3,051
	女	4,268	26,522	19,673	5.4%	−25.8%	428	8,681	189	8,081	21	2,273
	小計	9,375	64,015	49,908	13.6%	−22.0%	1,589	21,992	670	20,224	109	5,324
35～39歳	男	1,567	12,736	10,037	2.7%	−21.2%	701	4,242	205	3,691	73	1,125
	女	2,097	12,551	9,209	2.5%	−26.6%	278	4,000	89	3,571	28	1,243
	小計	3,664	25,287	19,246	5.3%	−23.9%	979	8,242	294	7,262	101	2,368
40～44歳	男	285	2,638	2,180	0.6%	−17.4%	244	900	70	693	31	242
	女	1,132	6,996	5,569	1.5%	−20.4%	143	2,494	42	2,265	8	617
	小計	1,417	9,634	7,749	2.1%	−19.6%	387	3,394	112	2,958	39	859
45～49歳	男	49	533	442	0.1%	−17.1%	82	155	19	134	9	43
	女	419	3,407	2,484	0.7%	−27.1%	45	1,069	18	1,033	5	314
	小計	468	3,940	2,926	0.8%	−25.7%	127	1,224	37	1,167	14	357
50歳以上	男	5	77	63	0.0%	−18.2%	27	17	3	10	0	6
	女	50	543	385	0.1%	−29.1%	6	143	2	153	0	81
	小計	55	620	448	0.1%	−27.7%	33	160	5	163	0	87
合　計	男	35,055	222,809	212,407	58.0%	−4.7%	4,663	105,868	1,966	85,417	289	14,204
	女	28,572	166,512	153,760	42.0%	−7.7%	2,034	77,486	780	62,111	125	11,224
	合計	63,627	389,321	366,167	100.0%	−5.9%	6,697	183,354	2,746	147,528	414	25,428

資料出所　外国人技能実習機構公表資料に基づき JITCO 作成
注　2017年度のデータは、2017年11月～2018年3月までの件数を集計したものである（P.57　参照）

③ 職種別　技能実習計画認定件数の推移

　職種別でみると、そう菜製造業が33,918件で9.3%、次いで耕種農業が7.1%となっている。職種分野別ではその他が最も多く88,120件24.1%となっており、次に建設、食料品製造が続いている。

　2018年度以降に追加された職種では、農産物漬物製造（2018年11月12日追加）、リネンサプライ（2018年11月13日追加）、医療・福祉施設給食製造職種（2018年11月16日追加）、コンクリート製品製造（2019年11月8日追加）、宿泊（2020年2月25日追加）があるが、特にリネンサプライは1,480件となっており、高い伸びを示している。

第4—20表　職種別 技能実習計画認定件数の推移

（単位：件）

職種分野	職　　種	2017年度	2018年度	2019年度								
				小計	構成比	前年度比	企業単独型			団体監理型		
							1号	2号	3号	1号	2号	3号
農　　業	耕種農業	6,309	31,642	25,947	7.1%	−18.0%	1	0	0	12,563	11,836	1,547
	畜産農業	1,051	7,653	6,472	1.8%	−15.4%	1	0	0	3,060	2,922	490
	小　　　計	7,360	39,295	32,419	8.9%	−17.5%	2	0	0	15,623	14,758	2,037
漁　　業	漁船漁業	216	2,223	1,496	0.4%	−32.7%	0	0	0	639	727	130
	養殖業	109	1,985	1,518	0.4%	−23.5%	0	0	0	741	634	143
	小　　　計	325	4,208	3,014	0.8%	−28.4%	0	0	0	1,380	1,361	273
建　　設	さく井	17	259	332	0.1%	28.2%	6	0	0	197	107	22
	建築板金	134	1,151	1,589	0.4%	38.1%	0	0	0	934	565	90
	冷凍空気調和機器施工	68	695	805	0.2%	15.8%	0	0	0	426	325	54
	建具製作	30	377	333	0.1%	−11.7%	3	0	0	193	123	14
	建築大工	723	4,695	4,495	1.2%	−4.3%	265	229	55	1,986	1,633	327
	型枠施工	1,348	9,131	9,235	2.5%	1.1%	0	0	0	4,723	3,733	779
	鉄筋施工	1,431	9,349	8,900	2.4%	−4.8%	0	0	0	4,329	3,639	932
	とび	2,199	20,702	22,405	6.1%	8.2%	19	21	2	12,482	8,382	1,499
	石材施工	60	486	471	0.1%	−3.1%	0	0	0	231	185	55
	タイル張り	105	822	742	0.2%	−9.7%	6	0	0	357	273	106
	かわらぶき	36	474	499	0.1%	5.3%	0	0	0	287	170	42
	左官	242	2,317	2,478	0.7%	6.9%	0	0	0	1,299	980	199
	配管	341	2,688	3,161	0.9%	17.6%	10	4	5	1,751	1,151	240
	熱絶縁施工	106	728	912	0.2%	25.3%	0	0	0	547	290	75
	内装仕上げ施工	536	4,567	4,586	1.3%	0.4%	15	11	2	2,448	1,766	344
	サッシ施工	56	310	360	0.1%	16.1%	0	0	0	202	128	30
	防水施工	407	2,553	2,758	0.8%	8.0%	0	0	0	1,489	1,048	221
	コンクリート圧送施工	106	687	728	0.2%	6.0%	0	0	0	391	282	55
	ウェルポイント施工	15	32	47	0.0%	46.9%	0	0	0	29	17	1
	表装	53	583	656	0.2%	12.5%	0	0	0	369	245	42
	建設機械施工	933	8,580	10,332	2.8%	20.4%	25	34	14	5,952	3,683	624
	築炉	5	113	189	0.1%	67.3%	1	0	0	101	87	0
	小　　　計	8,951	71,299	76,013	20.8%	6.6%	350	299	78	40,723	28,812	5,751
食料品製造	缶詰巻締	137	722	641	0.2%	−11.2%	13	14	0	313	245	56
	食鳥処理加工業	884	4,355	3,937	1.1%	−9.6%	0	0	0	1,835	1,734	368
	加熱性水産加工食品製造業	1,874	7,952	6,632	1.8%	−16.6%	9	9	0	3,178	2,854	582
	非加熱性水産加工食品製造業	2,280	12,581	11,247	3.1%	−10.6%	3	8	0	5,263	4,871	1,102
	水産練り製品製造	348	2,093	1,630	0.4%	−22.1%	0	0	0	741	794	95
	牛豚食肉処理加工業	184	1,912	2,059	0.6%	7.7%	0	0	0	1,063	912	84
	ハム・ソーセージ・ベーコン製造	746	3,463	2,764	0.8%	−20.2%	0	0	0	1,314	1,248	202
	パン製造	663	4,892	4,977	1.4%	1.7%	0	2	0	2,405	2,097	473
	そう菜製造業	5,745	32,303	33,918	9.3%	5.0%	36	27	0	16,933	14,437	2,485
	農産物漬物製造業	0	112	277	0.1%	147.3%	0	0	0	220	56	1
	医療・福祉施設給食製造	0	16	761	0.2%	4656.3%	0	0	0	755	6	0
	小　　　計	12,861	70,401	68,843	18.8%	−2.2%	61	60	0	34,020	29,254	5,448

第4─20表　職種別　技能実習計画認定件数の推移（続）　　　　　　　　　（単位：件）

職種分野	職種	2017年度	2018年度	2019年度								
				小計	構成比	前年度比	企業単独型			団体監理型		
							1号	2号	3号	1号	2号	3号
繊維・衣服	紡績運転	139	638	519	0.1%	−18.7%	1	3	0	252	263	0
	織布運転	245	1,369	1,099	0.3%	−19.7%	8	6	0	535	549	1
	染色	144	716	626	0.2%	−12.6%	5	5	0	287	274	55
	ニット製品製造	59	754	701	0.2%	−7.0%	2	1	0	285	300	113
	たて編ニット生地製造	40	207	197	0.1%	−4.8%	3	0	0	76	92	26
	婦人子供服製造	3,858	21,981	15,931	4.4%	−27.5%	50	51	22	6,204	6,893	2,711
	紳士服製造	347	1,515	1,087	0.3%	−28.3%	11	21	0	426	501	128
	下着類製造	135	722	675	0.2%	−6.5%	11	42	0	248	282	92
	寝具製作	51	486	347	0.1%	−28.6%	0	0	0	155	138	54
	カーペット製造	14	180	142	0.0%	−21.1%	3	1	0	77	61	0
	帆布製品製造	254	1,019	741	0.2%	−27.3%	19	15	0	282	316	109
	布はく縫製	55	478	388	0.1%	−18.8%	0	6	0	164	165	53
	座席シート縫製	223	1,721	1,569	0.4%	−8.8%	0	4	0	741	700	124
	小　計	5,564	31,786	24,022	6.6%	−24.4%	113	155	22	9,732	10,534	3,466
機械・金属	鋳造	850	4,340	3,311	0.9%	−23.7%	23	21	1	1,347	1,645	274
	鍛造	111	535	422	0.1%	−21.1%	2	7	0	197	192	24
	ダイカスト	351	1,923	1,597	0.4%	−17.0%	16	6	0	617	814	144
	機械加工	2,568	15,154	11,861	3.2%	−21.7%	221	173	21	4,811	5,936	699
	金属プレス加工	2,081	10,914	8,485	2.3%	−22.3%	39	46	16	3,691	4,133	560
	鉄工	776	3,867	3,843	1.0%	−0.6%	118	33	3	1,758	1,513	418
	工場板金	507	3,433	3,031	0.8%	−11.7%	9	20	0	1,352	1,374	276
	めっき	468	2,732	2,287	0.6%	−16.3%	87	56	8	982	984	170
	アルミニウム陽極酸化処理	45	488	502	0.1%	2.9%	6	32	0	243	199	22
	仕上げ	505	3,545	2,776	0.8%	−21.7%	68	49	4	1,125	1,372	158
	機械検査	994	6,195	5,768	1.6%	−6.9%	187	236	11	2,357	2,769	208
	機械保全	443	3,197	2,412	0.7%	−24.6%	10	11	0	1,061	1,249	81
	電子機器組立て	2,439	12,367	9,209	2.5%	−25.5%	317	153	13	3,675	4,466	585
	電気機器組立て	480	2,993	2,308	0.6%	−22.9%	29	12	3	1,071	1,048	145
	プリント配線板製造	187	990	1,007	0.3%	1.7%	74	42	0	460	410	21
	小　計	12,805	72,673	58,819	16.1%	−19.1%	1,206	897	80	24,747	28,104	3,785
その他	家具製作	344	2,075	2,102	0.6%	1.3%	16	13	5	991	901	176
	印刷	354	1,704	1,323	0.4%	−22.4%	3	3	0	630	622	65
	製本	322	2,105	1,769	0.5%	−16.0%	0	0	3	842	742	182
	プラスチック成形	3,534	19,908	16,556	4.5%	−16.8%	224	207	36	7,465	7,547	1,077
	強化プラスチック成形	104	617	660	0.2%	7.0%	29	11	2	317	237	64
	塗装	1,800	12,156	11,775	3.2%	−3.1%	129	107	38	5,653	4,885	963
	溶接	4,424	26,453	21,601	5.9%	−18.3%	664	687	139	9,390	9,321	1,400
	工業包装	1,425	10,500	10,558	2.9%	0.6%	216	195	0	5,242	4,351	554
	紙器・段ボール箱製造	327	1,830	1,797	0.5%	−1.8%	18	6	1	934	786	52
	陶磁器工業製品製造	39	260	251	0.1%	−3.5%	0	0	0	103	123	25
	自動車整備	208	2,616	3,716	1.0%	42.0%	6	12	0	2,273	1,357	68
	ビルクリーニング	157	3,195	5,473	1.5%	71.3%	193	70	10	3,207	1,951	42
	介護	0	1,823	8,967	2.4%	391.9%	23	13	0	7,340	1,591	0
	リネンサプライ	0	532	1,480	0.4%	178.2%	0	0	0	1,189	291	0
	コンクリート製品製造	0	0	92	0.0%	─	0	0	0	92	0	0
	宿泊	0	0	0	0.0%	─	0	0	0	0	0	0
	小　計	13,038	85,774	88,120	24.1%	2.7%	1,521	1,324	234	45,668	34,705	4,668
主務大臣が告示で定める職種	空港グランドハンドリング（航空貨物取扱作業）	27	36	13	0.0%	−63.9%	0	11	0	2	0	0
	空港グランドハンドリング（客室清掃作業）	0	0	0	0.0%	─	0	0	0	0	0	0
	小　計	27	36	13	0.0%	−63.9%	0	11	0	2	0	0
移行対象外の職種	移行対象外職種	2,696	13,849	14,904	4.1%	7.6%	3,445	0	0	11,459	0	0
	合　計	63,627	389,321	366,167	100.0%	−5.9%	6,698	2,746	414	183,354	147,528	25,428

資料出所　外国人技能実習機構公表資料に基づき JITCO 作成
注　2017年度のデータは、2017年11月～2018年3月までの件数を集計したものである（P.57　参照）

④ 国籍・地域別　技能実習計画認定件数の推移

　国籍・地域別で見ると、ベトナムが196,001件であり、全体のうち53.5%と最も多く、次いで中国が19.1%、インドネシアが8.9%、フィリピンが8.3%となっている。対前年度比では、全体では5.9%の減少であり、特に中国が22.4%の減少となっている。

第4—21表　国籍別 技能実習計画認定件数の推移

(単位：件)

国籍	2017年度	2018年度	2019年度								
			小計	構成比	前年度比	企業単独型			団体監理型		
						1号	2号	3号	1号	2号	3号
ベ ト ナ ム	27,528	196,732	196,001	53.5%	−0.4%	1,158	813	112	98,719	81,587	13,612
中　　　　国	18,581	89,918	69,795	19.1%	−22.4%	1,575	746	108	34,178	28,910	4,278
インドネシア	5,495	31,900	32,508	8.9%	1.9%	927	342	4	17,040	12,436	1,759
フ ィ リ ピ ン	6,503	35,515	30,326	8.3%	−14.6%	1,262	561	129	13,836	11,388	3,150
ミ ャ ン マ ー	1,486	10,715	13,739	3.8%	28.2%	180	72	13	8,140	4,465	869
タ　　　　イ	1,992	11,403	9,587	2.6%	−15.9%	863	166	46	4,038	3,682	792
カ ン ボ ジ ア	1,424	8,822	8,903	2.4%	0.9%	26	6	0	4,532	3,540	799
モ ン ゴ ル	183	1,880	2,200	0.6%	17.0%	4	2	0	1,343	785	66
そ　の　他	435	2,436	3,108	0.8%	27.6%	702	38	2	1,528	735	103
合　　　　計	63,627	389,321	366,167	100.0%	−5.9%	6,697	2,746	414	183,354	147,528	25,428

資料出所　外国人技能実習機構公表資料に基づき JITCO 作成
注　2017年度のデータは、2017年11月〜2018年3月までの件数を集計したものである（P.57　参照）

⑤ 職種別　国籍別　技能実習計画認定件数の推移

職種別・国籍別で見ると、もっとも受入れが多い職種である「そう菜製造業」では、ベトナムが22,967件で、次いで中国が5,333件となっている。

第4—22表　職種別 国籍別 技能実習計画認定件数の状況（2019年度）

（単位：件）

分野	職種	全体	ベトナム	中国	インドネシア	フィリピン	ミャンマー	タイ	カンボジア	モンゴル	その他
農業	耕種農業	25,947	10,248	7,197	2,334	2,563	516	2,334	1,705	2,563	404
	畜産農業	6,472	3,010	1,096	708	923	165	708	224	923	48
	小　計	32,419	13,258	8,293	3,042	3,486	681	3,042	1,929	3,486	452
漁業	漁船漁業	1,496	21	1	1,469	1	2	1,469	2	1	0
	養殖業	1,518	753	513	221	21	0	221	3	21	0
	小計	3,014	774	514	1,690	22	2	1,690	5	22	0
建設	さく井	332	227	17	41	20	7	41	8	20	8
	建築板金	1,589	1,091	117	138	113	40	138	43	113	11
	冷凍空気調和機器施工	805	524	66	42	50	44	42	45	50	7
	建具製作	333	133	59	62	29	15	62	20	29	6
	建築大工	4,495	2,198	417	293	1,182	214	293	127	1,182	6
	型枠施工	9,235	5,452	823	1,102	1,015	279	1,102	277	1,015	95
	鉄筋施工	8,900	4,596	650	1,326	1,441	356	1,326	280	1,441	36
	とび	22,405	14,820	1,768	1,824	1,394	839	1,824	1,007	1,394	202
	石材施工	471	262	121	28	18	14	28	15	18	10
	タイル張り	742	478	66	54	76	28	54	18	76	1
	かわらぶき	499	336	48	54	19	6	54	13	19	8
	左官	2,478	1,774	221	146	134	92	146	76	134	4
	配管	3,161	2,243	270	170	163	135	170	82	163	5
	熱絶縁施工	912	501	92	69	128	24	69	30	128	22
	内装仕上げ施工	4,586	2,784	1,082	192	186	179	192	112	186	13
	サッシ施工	360	228	23	14	26	14	14	14	26	1
	防水施工	2,758	1,724	315	223	142	157	223	79	142	15
	コンクリート圧送施工	728	560	11	42	38	26	42	17	38	16
	ウェルポイント施工	47	47	0	0	0	0	0	0	0	0
	表装	656	418	96	43	20	54	43	10	20	1
	建設機械施工	10,332	6,956	512	743	818	477	743	388	818	172
	築炉	189	105	7	45	0	3	45	3	0	2
	小　計	76,013	47,457	6,781	6,651	7,012	3,003	6,651	2,664	7,012	641
食料品製造	缶詰巻締	641	353	165	15	32	20	15	6	32	0
	食鳥処理加工業	3,937	2,426	730	292	309	108	292	65	309	2
	加熱性水産加工食品製造業	6,632	3,553	1,864	250	310	302	250	145	310	10
	非加熱性水産加工食品製造業	11,247	6,258	2,795	574	363	660	574	222	363	35
	水産練り製品製造	1,630	830	564	92	12	94	92	34	12	0
	牛豚食肉処理加工業	2,059	1,386	217	57	100	117	57	38	100	14
	ハム・ソーセージ・ベーコン製造	2,764	1,350	844	45	102	369	45	10	102	8
	パン製造	4,977	2,462	299	749	1,076	182	749	46	1,076	60
	そう菜製造業	33,918	22,967	5,333	1,086	1,289	1,578	1,086	530	1,289	87
	農産物漬物製造業	277	183	44	23	6	0	23	13	6	0
	医療・福祉施設給食製造	761	596	20	38	17	25	38	3	17	25
	小　計	68,843	42,364	12,875	3,221	3,616	3,455	3,221	1,112	3,616	241
繊維・衣服	紡績運転	519	251	155	36	14	54	36	2	14	0
	織布運転	1,099	496	415	32	37	86	32	23	37	0
	染色	626	316	128	54	22	35	54	41	22	1
	ニット製品製造	701	310	236	12	42	61	12	35	42	0
	たて編ニット生地製造	197	81	64	24	2	20	24	3	2	2
	婦人子供服製造	15,931	5,743	7,906	196	324	655	196	999	324	38
	紳士服製造	1,087	586	342	12	2	71	12	62	2	10
	下着類製造	675	481	152	4	10	9	4	6	10	5
	寝具製作	347	143	84	18	40	6	18	42	40	0
	カーペット製造	142	90	21	9	10	12	9	0	10	0
	帆布製品製造	741	476	207	11	3	15	11	25	3	0
	布はく縫製	388	193	129	17	31	12	17	0	31	6
	座席シート縫製	1,569	732	443	57	130	82	57	7	130	3
	小　計	24,022	9,898	10,282	482	667	1,118	482	1,245	667	65

第４—22表　職種別 国籍別 技能実習計画認定件数の状況（2019年度）（続）

（単位：件）

分　野	職　　　種	全体	ベトナム	中国	インドネシア	フィリピン	ミャンマー	タイ	カンボジア	モンゴル	その他
機械・金属	鋳造	3,311	1,574	507	752	233	45	141	43	9	7
	鍛造	422	148	74	123	32	7	32	0	2	4
	ダイカスト	1,597	851	243	194	118	0	166	16	0	9
	機械加工	11,861	6,384	2,219	1,606	771	171	572	55	42	41
	金属プレス加工	8,485	4,403	1,628	1,062	715	174	396	74	16	17
	鉄工	3,843	2,063	623	750	248	62	62	28	4	3
	工場板金	3,031	2,022	222	352	148	71	137	23	4	52
	めっき	2,287	1,098	304	344	283	59	144	20	18	17
	アルミニウム陽極酸化処理	502	310	100	49	22	11	10	0	0	0
	仕上げ	2,776	1,641	483	254	184	66	128	8	2	10
	機械検査	5,768	3,220	1,435	303	404	68	162	12	83	81
	機械保全	2,412	1,622	311	116	115	63	63	32	5	85
	電子機器組立て	9,209	4,956	2,147	487	832	291	324	12	83	77
	電気機器組立て	2,308	1,331	404	190	185	19	118	33	15	13
	プリント配線板製造	1,007	405	207	128	190	33	44	0	0	0
	小　計	58,819	32,028	10,907	6,710	4,480	1,140	2,499	356	283	416
そ　の　他	家具製作	2,102	1,416	216	202	79	109	35	27	7	11
	印刷	1,323	734	445	22	43	20	36	19	4	0
	製本	1,769	909	599	77	68	40	61	15	0	0
	プラスチック成形	16,556	8,804	3,609	1,362	1,226	531	799	197	16	12
	強化プラスチック成形	660	401	54	107	42	13	6	25	2	10
	塗装	11,775	6,323	1,648	1,340	1,452	348	382	180	40	62
	溶接	21,601	9,986	4,805	2,110	3,593	364	496	163	33	51
	工業包装	10,558	6,401	1,663	800	853	461	153	160	20	47
	紙器・段ボール箱製造	1,797	976	456	145	94	47	45	28	6	0
	陶磁器工業製品製造	251	176	50	16	6	0	0	2	0	1
	自動車整備	3,716	1,755	38	335	1,118	129	79	83	17	162
	ビルクリーニング	5,473	3,424	147	520	387	512	106	292	55	30
	介護	8,967	3,523	1,173	1,423	615	1486	82	155	254	256
	リネンサプライ	1,480	616	258	158	314	43	48	23	20	0
	コンクリート製品製造	92	42	12	21	6	2	0	0	3	6
	宿泊	0	0	0	0	0	0	0	0	0	0
	小　計	88,120	45,486	15,173	8,638	9,896	4,103	2,328	1,369	474	648
主務大臣が告示で定める職種	空港グランドハンドリング（航空貨物取扱作業）	13	0	0	2	0	11	0	0	0	0
	空港グランドハンドリング（客室清掃作業）	0	0	0	0	0	0	0	0	0	0
	小　計	13	0	0	2	0	11	0	0	0	0
移行対象外の職種	移行対象外職種	14,904	4,736	4,970	2,072	1,147	224	761	223	126	645
	合　計	366,167	196,001	69,795	32,508	30,326	13,737	20,674	8,903	15,686	3,108

⑥ 都道府県別　技能実習計画認定件数の推移

都道府県別で見ると、実習実施場所として最も多いのは、愛知県で、35,775件9.8%。、次いで大阪府で17,789件4.9%となっている。沖縄県は前年度比で26.8%の増加が、東京都は12.9%の増加が見られる。広域で見ると、関東地方（茨城県、栃木県、群馬県、埼玉県、千葉県、東京都、神奈川県）全体で

は、92,984件25.4%、また、東海地方（岐阜県、静岡県、愛知県、三重県）全体では、75,380件20.6%となっており、関西や中国・四国など他の地方と比べて、より多くの技能実習生が受け入れられている様子がうかがえる。技能実習区分別では、企業単独型・団体監理型ともに愛知県が最も多く企業単独型で1,489件、団体監理型で34,286件となっている。

第4—23表　都道府県別　技能実習計画認定件数の推移

（単位：件）

都道府県	2017年度	2018年度	2019年度								
			小計	構成比	前年度比	企業単独型			団体監理型		
						1号	2号	3号	1号	2号	3号
北 海 道	2,012	14,362	13,948	3.8%	−2.9%	22	4	4	7,516	5,350	1,052
青 森 県	584	2,407	2,357	0.6%	−2.1%	10	14	0	1,196	994	143
岩 手 県	728	3,483	3,454	0.9%	−0.8%	56	13	0	1,627	1,571	187
宮 城 県	785	4,641	4,306	1.2%	−7.2%	34	6	0	2,245	1,699	322
秋 田 県	307	1,234	1,211	0.3%	−1.9%	2	4	0	646	476	83
山 形 県	543	2,452	2,343	0.6%	−4.4%	37	11	12	1,114	1,020	149
福 島 県	778	4,711	4,272	1.2%	−9.3%	109	22	1	2,029	1,793	318
茨 城 県	2,601	17,065	15,125	4.1%	−11.4%	192	42	16	7,436	6,650	789
栃 木 県	1,781	7,667	6,708	1.8%	−12.5%	72	36	0	3,424	2,720	456
群 馬 県	2,353	11,189	10,037	2.7%	−10.3%	293	18	6	5,299	3,786	635
埼 玉 県	2,841	18,383	17,597	4.8%	−4.3%	103	81	6	9,063	6,921	1,423
千 葉 県	3,010	16,973	16,290	4.4%	−4.0%	117	29	3	8,331	6,526	1,284
東 京 都	1,772	12,287	13,866	3.8%	12.9%	188	55	17	7,802	4,794	1,010
神 奈 川 県	2,000	12,425	13,361	3.6%	7.5%	385	53	2	7,050	4,920	951
新 潟 県	462	4,350	4,100	1.1%	−5.7%	90	15	0	1,933	1,711	351
富 山 県	881	7,129	5,838	1.6%	−18.1%	82	52	2	2,625	2,685	392
石 川 県	696	6,394	5,559	1.5%	−13.1%	84	24	4	2,665	2,452	330
福 井 県	686	5,166	4,177	1.1%	−19.1%	35	7	0	1,923	1,894	318
山 梨 県	268	2,072	2,056	0.6%	−0.8%	26	5	0	1,111	839	75
長 野 県	2,549	8,368	7,582	2.1%	−9.4%	161	65	12	4,160	2,806	378
岐 阜 県	2,477	15,338	14,186	3.9%	−7.5%	154	114	7	6,650	6,179	1,082
静 岡 県	2,578	15,465	14,780	4.0%	−4.4%	829	292	55	6,907	5,808	889
愛 知 県	7,220	39,600	35,775	9.8%	−9.7%	1,138	328	23	16,803	15,069	2,414
三 重 県	2,359	11,648	10,639	2.9%	−8.7%	315	218	47	4,935	4,435	689
滋 賀 県	954	6,006	5,564	1.5%	−7.4%	165	18	0	2,873	2,210	298
京 都 府	776	4,616	4,827	1.3%	4.6%	77	41	9	2,512	1,846	342
大 阪 府	2,253	16,618	17,789	4.9%	7.0%	210	67	16	9,564	6,667	1,265
兵 庫 県	2,302	12,952	11,974	3.3%	−7.6%	158	59	12	5,850	4,913	982
奈 良 県	352	2,868	2,607	0.7%	−9.1%	24	6	1	1,358	995	223

第 4 —23表　都道府県別　技能実習計画認定件数の推移（続）

（単位：件）

都道府県	2017年度	2018年度	2019年度								
			小計	構成比	前年度比	企業単独型			団体監理型		
						1号	2号	3号	1号	2号	3号
和 歌 山 県	191	1,295	1,380	0.4%	6.6%	10	2	0	786	500	82
鳥 取 県	234	1,951	1,433	0.4%	−26.6%	40	32	0	629	634	98
島 根 県	243	2,324	1,827	0.5%	−21.4%	25	8	4	875	749	166
岡 山 県	1,627	10,252	8,940	2.4%	−12.8%	169	194	16	4,144	3,721	696
広 島 県	2,669	17,425	14,777	4.0%	−15.2%	397	218	32	6,925	6,049	1,156
山 口 県	802	5,269	4,407	1.2%	−16.4%	86	44	0	2,161	1,856	260
徳 島 県	523	3,225	2,625	0.7%	−18.6%	0	2	0	1,316	1,064	243
香 川 県	1,297	6,496	5,485	1.5%	−15.6%	384	195	50	2,435	2,025	396
愛 媛 県	1,213	7,107	6,645	1.8%	−6.5%	192	151	27	3,324	2,466	485
高 知 県	290	2,044	1,780	0.5%	−12.9%	14	13	0	892	710	151
福 岡 県	1,552	13,168	13,972	3.8%	6.1%	76	69	29	7,531	5,375	892
佐 賀 県	495	3,000	3,065	0.8%	2.2%	7	17	1	1,621	1,202	217
長 崎 県	395	3,216	3,138	0.9%	−2.4%	21	24	0	1,687	1,181	225
熊 本 県	1,248	8,252	7,801	2.1%	−5.5%	33	71	0	3,843	3,365	489
大 分 県	407	4,257	4,087	1.1%	−4.0%	63	7	0	2,167	1,627	223
宮 崎 県	512	3,643	3,593	1.0%	−1.4%	10	0	0	1,842	1,514	227
鹿 児 島 県	879	5,910	5,565	1.5%	−5.8%	2	0	0	2,706	2,447	410
沖 縄 県	142	2,618	3,319	0.9%	26.8%	0	0	0	1,823	1,314	182
合 計	63,627	389,321	366,167	100.0%	−5.9%	6,697	2,746	414	183,354	147,528	25,428

資料出所　外国人技能実習機構公表資料に基づき JITCO 作成
注　2017年度のデータは、2017年11月〜2018年3月までの件数を集計したものである（P.57　参照）

⑦　都道府県別・国籍別　技能実習計画の状況

　都道府県別・国籍別で見ると、認定件数の最も多い愛知県では、ベトナム17,984件、中国7,638件、フィリピン3,317件と全国の国籍別割合と比較してフィリピンの件数が多くなっている。

第4−24表　都道府県別・国籍別　技能実習計画認定の状況（2019年度）

(単位：件)

都道府県	全体	ベトナム	中国	インドネシア	フィリピン	ミャンマー	タイ	カンボジア	モンゴル	その他
北海道	13,948	7,732	3,536	511	695	795	265	253	121	40
青森県	2,357	1,521	466	87	98	32	9	129	12	3
岩手県	3,454	1,745	650	195	487	239	36	57	43	2
宮城県	4,306	2,452	373	583	309	408	69	39	18	55
秋田県	1,211	664	251	51	147	15	3	33	18	29
山形県	2,343	1,476	363	160	124	73	71	47	17	12
福島県	4,272	2,448	764	344	291	216	117	47	10	35
茨城県	15,125	5,883	3,719	2,527	971	407	695	561	72	290
栃木県	6,708	3,884	1,046	831	452	131	179	140	33	12
群馬県	10,037	4,562	2,463	1,219	705	423	370	91	60	144
埼玉県	17,597	9,390	3,066	1,654	1,550	683	563	227	261	203
千葉県	16,290	8,267	3,303	1,196	1,384	505	793	365	255	222
東京都	13,866	8,085	1,567	1,343	1,302	820	155	325	184	85
神奈川県	13,361	7,564	1,645	1,574	1,098	419	416	318	261	66
新潟県	4,100	2,266	746	317	334	180	73	58	16	110
富山県	5,838	3,351	1,170	496	545	87	59	95	13	22
石川県	5,559	3,179	1,304	337	210	307	108	62	32	20
福井県	4,177	2,119	1,133	196	360	154	18	162	10	25
山梨県	2,056	1,318	250	137	174	126	21	16	12	2
長野県	7,582	3,371	1,798	843	935	207	212	106	70	40
岐阜県	14,186	6,111	4,909	737	776	481	460	631	26	55
静岡県	14,780	6,716	2,734	1,945	2,076	501	515	202	36	55
愛知県	35,775	17,984	7,638	2,982	3,317	1,042	1,255	858	188	511
三重県	10,639	4,781	2,632	993	691	458	609	205	165	105
滋賀県	5,564	2,362	1,554	1,002	275	136	93	109	0	33
京都府	4,827	3,142	597	329	310	94	164	144	3	44
大阪府	17,789	11,527	2,785	1,001	965	600	352	408	64	87
兵庫県	11,974	7,425	1,991	740	694	408	245	286	34	151
奈良県	2,607	1,489	479	103	182	237	49	42	9	17
和歌山県	1,380	758	245	118	95	40	63	37	18	6
鳥取県	1,433	933	168	108	77	89	26	24	8	0
島根県	1,827	923	374	116	105	119	58	128	2	2
岡山県	8,940	5,688	1,503	732	371	187	172	273	0	14
広島県	14,777	7,704	2,741	1,078	2,134	210	602	197	20	91
山口県	4,407	2,720	824	313	253	110	92	35	0	60
徳島県	2,625	1,387	692	176	88	111	44	105	2	20
香川県	5,485	2,077	1,468	678	459	413	46	222	0	122
愛媛県	6,645	2,901	1,780	396	1,037	240	66	208	2	15
高知県	1,780	892	168	230	272	81	7	99	29	2
福岡県	13,972	9,188	1,451	855	1,143	760	163	323	31	58
佐賀県	3,065	1,670	417	576	180	119	34	49	3	17
長崎県	3,138	1,887	281	239	234	209	2	277	3	6
熊本県	7,801	4,525	906	511	1,008	254	172	384	4	37
大分県	4,087	2,165	533	562	436	190	5	119	9	68
宮崎県	3,593	1,958	588	527	176	139	2	167	26	10
鹿児島県	5,565	3,785	627	311	613	88	13	105	0	23
沖縄県	3,319	2,026	97	549	188	196	46	135	0	82
合計	366,167	196,001	69,795	32,508	30,326	13,739	9,587	8,903	2,200	3,108

資料出所　外国人技能実習機構公表資料に基づき JITCO 作成

⑧ 職種別・都道府県別　技能実習計画認定件数の状況

　職種別・都道府県別で見ると、全体での平均と比較して、北海道では農業関係や食料品製造関係での受入れが、愛知県では建設や機械金属関係での受入れが他の職種に比べて目立つことなど、各都道府県における産業構造と技能実習生の受け入れ人数には一定の相関関係がうかがわれる。

第4-25表　職種別 都道府県別 技能実習計画認定の状況（2019年度）

（単位：件）

分野	職種	合計	北海道	青森県	岩手県	秋田県	宮城県	山形県	福島県	茨城県	栃木県
農業	耕種農業	25,947	1,296	406	306	72	45	51	135	5,397	576
	畜産農業	6,472	1,611	69	93	63	14	52	83	519	269
	小計	32,419	2,907	475	399	135	59	103	218	5,916	845
漁業	漁船漁業	1,496	94	56	9	69	4	8	14	63	0
	養殖業	1,518	329	0	0	23	0	0	0	0	0
	小計	3,014	423	56	9	92	4	8	14	63	0
建設	さく井	332	7	0	1	6	2	2	0	4	7
	建築板金	1,589	59	3	4	17	2	3	8	63	26
	冷凍空気調和機器施工	805	5	2	0	5	0	1	3	2	15
	建具製作	333	1	0	0	0	10	12	17	11	39
	建築大工	4,495	95	18	53	73	7	18	43	174	111
	型枠施工	9,235	367	27	80	111	13	62	82	247	116
	鉄筋施工	8,900	309	16	45	85	3	33	104	306	131
	とび	22,405	646	95	75	272	60	132	279	547	266
	石材施工	471	2	3	1	2	0	0	4	18	8
	タイル張り	742	14	0	2	2	0	0	0	7	0
	かわらぶき	499	0	2	3	0	0	0	0	11	1
	左官	2,478	44	6	11	19	3	3	28	58	16
	配管	3,161	23	13	13	49	5	10	40	72	25
	熱絶縁施工	912	28	8	1	18	20	2	6	27	17
	内装仕上げ施工	4,586	36	7	18	31	0	10	18	137	62
	サッシ施工	360	0	0	0	0	0	0	0	0	0
	防水施工	2,758	20	0	3	23	5	14	18	44	23
	コンクリート圧送施工	728	31	0	0	6	0	8	3	11	9
	ウェルポイント施工	47	0	0	0	0	0	0	0	0	0
	表装	656	1	0	0	3	0	0	3	9	1
	建設機械施工	10,332	560	24	77	186	45	32	97	315	170
	築炉	189	0	0	0	4	0	0	2	0	21
	小計	76,013	2,248	224	387	912	175	342	755	2,063	1,064
食料品製造	缶詰巻締	641	13	0	72	13	0	20	0	0	12
	食鳥処理加工業	3,937	133	101	443	4	7	0	47	103	0
	加熱性水産加工食品製造業	6,632	1,924	308	70	219	2	0	45	247	22
	非加熱性水産加工食品製造業	11,247	2,602	161	428	984	15	35	153	373	19
	水産練り製品製造	1,630	40	0	0	92	0	0	43	5	0
	牛豚食肉処理加工業	2,059	68	36	21	23	18	22	16	92	15
	ハム・ソーセージ・ベーコン製造	2,764	101	0	10	121	0	66	0	202	168
	パン製造	4,977	175	62	85	50	21	11	45	180	32
	そう菜製造業	33,918	1,411	266	450	671	157	340	625	846	640
	農産物漬物製造業	277	0	0	0	0	0	0	0	2	26
	医療・福祉施設給食製造	761	30	0	20	3	4	0	0	10	8
	小計	68,843	6,497	934	1,599	2,180	224	494	974	2,060	942
繊維・衣服	紡績運転	519	0	0	0	0	0	0	0	0	0
	織布運転	1,099	0	0	0	0	0	0	6	0	0
	染色	626	3	0	0	0	0	0	0	0	6
	ニット製品製造	701	0	0	0	0	0	0	8	0	3
	たて編ニット生地製造	197	0	0	0	0	0	0	0	0	8
	婦人子供服製造	15,931	152	295	204	81	455	589	589	164	349
	紳士服製造	1,087	11	8	79	20	46	6	21	22	6
	下着類製造	675	4	12	0	0	0	4	5	0	18
	寝具製作	347	0	0	0	0	0	5	0	8	6
	カーペット製造	142	0	0	0	0	0	0	0	4	0
	帆布製品製造	741	3	0	5	0	0	9	30	28	14
	布はく縫製	388	3	0	0	5	0	0	6	0	0
	座席シート縫製	1,569	0	0	20	14	0	41	0	0	11
	小計	24,022	176	315	308	120	501	654	665	226	421

第４—25表　職種別　都道府県別　技能実習計画認定の状況（2019年度）（続）

（単位：件）

分　野	職　種	合　計	北海道	青森県	岩手県	秋田県	宮城県	山形県	福島県	茨城県	栃木県
機械・金属	鋳造	3,311	56	0	57	12	0	49	88	103	75
	鍛造	422	0	0	0	4	0	0	0	14	0
	ダイカスト	1,597	12	0	13	19	0	3	7	13	100
	機械加工	11,861	16	7	60	38	55	176	234	170	311
	金属プレス加工	8,485	35	6	21	6	0	24	95	613	265
	鉄工	3,843	66	7	7	14	3	23	34	156	195
	工場板金	3,031	10	3	8	18	10	11	31	147	107
	めっき	2,287	6	0	0	10	11	15	22	62	25
	アルミニウム陽極酸化処理	502	0	0	0	0	0	0	0	13	8
	仕上げ	2,776	12	0	16	10	1	12	32	14	41
	機械検査	5,768	13	0	19	31	6	3	32	118	63
	機械保全	2,412	11	0	0	41	0	4	14	78	35
	電子機器組立て	9,209	6	71	72	42	44	34	114	352	346
	電気機器組立て	2,308	5	16	0	6	0	22	28	48	6
	プリント配線板製造	1,007	30	10	17	0	0	18	31	43	28
	小　　　計	58,819	278	120	290	251	130	394	762	1,944	1,605
その他	家具製作	2,102	10	0	4	0	0	14	30	33	62
	印刷	1,323	1	0	0	10	0	0	0	13	17
	製本	1,769	15	0	0	2	0	0	0	2	0
	プラスチック成形	16,556	27	15	43	6	0	55	166	484	404
	強化プラスチック成形	660	13	0	11	7	0	0	15	11	9
	塗装	11,775	93	29	47	65	13	65	111	364	152
	溶接	21,601	118	96	102	108	36	64	135	720	391
	工業包装	10,558	29	0	44	57	1	5	73	309	254
	紙器・段ボール箱製造	1,797	2	0	0	6	1	0	13	39	19
	陶磁器工業製品製造	251	0	0	0	0	0	0	0	0	0
	自動車整備	3,716	145	10	36	106	2	28	62	140	75
	ビルクリーニング	5,473	212	6	35	25	10	3	64	38	24
	介護	8,967	279	33	67	46	43	25	68	313	133
	リネンサプライ	1,480	66	11	11	25	12	12	12	71	50
	コンクリート製品製造	92	12	0	0	0	0	0	0	11	8
	宿泊	0	0	0	0	0	0	0	0	0	0
	小　　　計	88,120	1,022	200	400	463	118	271	749	2,548	1,598
主務大臣が告示で定める職種	空港グランドハンドリング（航空貨物取扱作業）	13	0	0	0	0	0	0	0	0	0
	空港グランドハンドリング（客室清掃作業）	0	0	0	0	0	0	0	0	0	0
	小　　　計	13	0	0	0	0	0	0	0	0	0
移行対象外の職種	移行対象外職種	14,904	397	33	62	153	0	77	135	305	233
	合　　　計	366,167	13,948	2,357	3,454	4,306	1,211	2,343	4,272	15,125	6,708

分野	職種	群馬県	埼玉県	千葉県	東京都	神奈川県	新潟県	富山県	石川県	福井県	山梨県
農業	耕種農業	1,316	347	1,372	4	45	418	78	36	40	55
	畜産農業	265	87	591	2	42	38	24	48	12	23
	小　計	1,581	434	1,963	6	87	456	102	84	52	78
漁業	漁船漁業	0	1	106	3	0	6	52	143	56	0
	養殖業	0	0	0	0	0	0	0	0	0	0
	小　計	0	1	106	3	0	6	52	143	56	0
建設	さく井	2	17	8	44	8	12	1	6	0	2
	建築板金	51	194	91	82	59	29	18	35	5	2
	冷凍空気調和機器施工	15	98	47	130	53	1	13	13	7	3
	建具製作	1	26	0	9	0	2	14	1	0	0
	建築大工	95	373	286	264	147	47	49	29	98	7
	型枠施工	80	837	456	677	637	88	186	99	101	72
	鉄筋施工	127	902	581	907	756	64	112	171	114	42
	とび	323	1,954	1,425	1,700	1,863	303	318	237	220	172
	石材施工	2	21	29	72	18	0	8	6	6	0
	タイル張り	8	104	46	90	61	3	9	3	0	1
	かわらぶき	3	43	58	43	24	2	7	7	3	0
	左官	15	232	225	313	262	8	22	4	6	0
	配管	59	244	234	411	302	9	14	27	11	4
	熱絶縁施工	1	67	62	79	50	10	4	6	2	2
	内装仕上げ施工	69	507	333	807	403	10	51	53	225	6
	サッシ施工	5	66	27	59	30	4	0	2	0	2
	防水施工	65	351	274	413	330	6	12	13	3	0
	コンクリート圧送施工	9	50	24	34	85	13	5	12	10	3
	ウェルポイント施工	0	0	13	0	0	0	2	0	0	0
	表装	5	66	75	184	48	7	9	0	0	0
	建設機械施工	185	827	736	954	624	61	81	53	88	51
	築炉	15	0	12	0	10	0	4	0	0	0
	小　計	1,135	6,979	5,042	7,272	5,770	679	939	777	899	369
食料品製造	缶詰巻締	0	9	62	0	0	0	0	1	0	0
	食鳥処理加工業	87	9	169	4	2	38	0	12	9	26
	加熱性水産加工食品製造業	23	43	142	25	31	28	102	37	9	10
	非加熱性水産加工食品製造業	25	267	1,163	315	323	124	118	69	93	53
	水産練り製品製造	9	12	116	6	15	115	13	119	3	0
	牛豚食肉処理加工業	84	39	108	66	99	31	20	30	14	0
	ハム・ソーセージ・ベーコン製造	22	112	80	5	149	32	67	41	0	6
	パン製造	108	425	407	363	372	105	35	31	43	59
	そう菜製造業	1,223	2,361	1,946	1,278	1,587	411	468	412	228	314
	農産物漬物製造業	6	25	2	9	0	8	0	0	0	0
	医療・福祉施設給食製造	13	64	13	111	64	0	6	0	0	8
	小　計	1,600	3,366	4,208	2,182	2,642	892	829	752	399	476
繊維・衣服	紡績運転	0	0	0	0	0	6	6	109	103	0
	織布運転	13	0	0	0	0	6	27	270	327	0
	染色	2	0	0	2	0	4	49	79	107	0
	ニット製品製造	0	0	7	0	0	190	0	30	29	0
	たて編ニット生地製造	5	0	0	0	0	1	56	22	56	5
	婦人子供服製造	216	324	292	229	13	241	217	177	540	74
	紳士服製造	2	0	6	14	0	2	0	8	35	0
	下着類製造	0	4	6	3	0	0	69	57	6	0
	寝具製作	23	16	0	0	0	0	7	5	3	7
	カーペット製造	0	0	0	0	0	0	0	0	0	0
	帆布製品製造	0	13	28	0	4	0	14	0	30	2
	布はく縫製	0	9	0	0	0	29	0	0	7	0
	座席シート縫製	121	18	0	6	0	12	13	0	0	17
	小　計	382	384	339	254	17	491	458	757	1,243	105

第4—25表　職種別 都道府県別 技能実習計画認定の状況（2019年度）（続）

（単位：件）

分 野	職 種	群馬県	埼玉県	千葉県	東京都	神奈川県	新潟県	富山県	石川県	福井県	山梨県
機械・金属	鋳造	75	221	42	19	21	38	129	57	40	27
	鍛造	27	10	6	4	5	15	8	0	0	3
	ダイカスト	59	76	7	7	14	3	80	3	0	43
	機械加工	422	477	107	74	269	264	204	259	64	166
	金属プレス加工	486	190	70	52	219	82	368	99	77	40
	鉄工	47	151	385	24	63	20	37	28	109	17
	工場板金	147	160	107	43	111	19	74	167	25	6
	めっき	105	100	34	48	66	45	34	27	20	2
	アルミニウム陽極酸化処理	13	18	0	0	6	6	24	26	0	0
	仕上げ	55	36	14	28	55	22	62	65	101	5
	機械検査	38	122	14	26	72	28	30	58	7	6
	機械保全	17	104	110	17	50	47	126	32	31	6
	電子機器組立て	205	135	119	98	74	51	208	228	238	41
	電気機器組立て	155	56	27	33	45	27	40	36	22	8
	プリント配線板製造	5	21	0	3	0	65	10	11	0	14
	小　　　　　計	1,856	1,877	1,042	476	1,070	732	1,434	1,096	734	384
そ の 他	家具製作	48	101	26	3	15	105	62	0	88	2
	印刷	36	187	62	62	64	17	4	32	27	5
	製本	30	402	82	142	38	5	27	43	15	26
	プラスチック成形	935	413	208	18	243	108	434	154	138	126
	強化プラスチック成形	43	10	15	0	11	0	26	36	14	0
	塗装	327	553	414	409	485	152	217	278	62	60
	溶接	685	763	790	266	694	55	393	543	172	69
	工業包装	184	559	534	322	356	13	246	242	66	105
	紙器・段ボール箱製造	26	173	65	25	38	43	78	23	6	5
	陶磁器工業製品製造	0	0	0	0	0	15	0	0	0	0
	自動車整備	85	231	198	123	140	21	117	69	55	35
	ビルクリーニング	35	92	227	1,432	315	0	103	79	21	39
	介護	225	439	403	659	591	92	67	99	40	77
	リネンサプライ	31	94	186	14	84	5	6	8	14	5
	コンクリート製品製造	0	6	3	0	0	0	0	0	0	0
	宿泊	0	0	0	0	0	0	0	0	0	0
	小　　　　　計	2,690	4,023	3,213	3,475	3,074	631	1,780	1,606	718	554
主務大臣が告示で定める職種	空港グランドハンドリング（航空貨物取扱作業）	0	0	11	0	0	0	0	0	0	0
	空港グランドハンドリング（客室清掃作業）	0	0	0	0	0	0	0	0	0	0
	小　　　　　計	0	0	11	0	0	0	0	0	0	0
移行対象外の職種	移行対象外職種	793	533	366	198	701	213	244	344	76	90
合　　　計		10,037	17,597	16,290	13,866	13,361	4,100	5,838	5,559	4,177	2,056

第4—25表　職種別　都道府県別　技能実習計画認定の状況（2019年度）（続）

(単位：件)

分野	職種	長野県	岐阜県	静岡県	愛知県	三重県	滋賀県	京都府	大阪府	兵庫県	奈良県
農業	耕種農業	1,228	265	329	1,239	176	65	78	43	202	29
	畜産農業	62	50	125	252	170	12	18	28	109	20
	小計	1,290	315	454	1,491	346	77	96	71	311	49
漁業	漁船漁業	0	0	8	0	46	0	0	0	92	0
	養殖業	0	0	0	0	0	0	0	0	60	0
	小計	0	0	8	0	46	0	0	0	152	0
建設	さく井	15	0	13	35	1	0	2	32	19	5
	建築板金	13	26	52	118	35	14	32	158	40	2
	冷凍空気調和機器施工	0	14	14	101	9	3	15	48	21	9
	建具製作	0	23	14	28	6	14	3	5	6	0
	建築大工	30	128	888	278	66	67	38	165	141	28
	型枠施工	57	236	324	731	99	29	145	320	149	91
	鉄筋施工	44	182	158	572	142	120	144	623	233	42
	とび	171	554	658	1,977	440	199	356	1,709	558	144
	石材施工	0	132	4	21	3	1	8	18	11	2
	タイル張り	0	42	14	98	3	20	8	62	31	6
	かわらぶき	8	10	12	75	3	9	13	26	10	2
	左官	21	37	43	218	49	21	9	161	54	2
	配管	7	16	56	328	82	10	30	202	135	13
	熱絶縁施工	4	20	9	118	3	3	7	104	26	6
	内装仕上げ施工	25	77	51	361	54	9	78	296	147	21
	サッシ施工	2	2	2	43	8	4	2	21	6	1
	防水施工	8	36	36	204	18	22	30	362	86	30
	コンクリート圧送施工	0	21	18	56	9	3	20	45	8	4
	ウェルポイント施工	0	6	0	21	0	0	0	3	0	0
	表装	6	8	30	28	5	0	9	34	26	4
	建設機械施工	140	230	232	825	272	96	114	702	331	60
	築炉	0	13	0	18	0	3	0	26	7	0
	小計	551	1,813	2,628	6,254	1,307	647	1,063	5,122	2,045	472
食料品製造	缶詰巻締	7	0	94	47	0	0	3	6	0	0
	食鳥処理加工業	0	85	67	152	7	4	35	102	96	22
	加熱性水産加工食品製造業	2	61	348	562	111	34	33	106	141	5
	非加熱性水産加工食品製造業	8	25	697	248	276	12	48	230	72	21
	水産練り製品製造	2	81	63	154	24	95	0	4	27	0
	牛豚食肉処理加工業	79	39	16	236	58	4	31	130	51	0
	ハム・ソーセージ・ベーコン製造	27	24	187	281	158	3	6	78	170	0
	パン製造	81	93	104	377	54	10	96	261	228	57
	そう菜製造業	421	709	1,418	2,127	451	388	710	1,806	1,118	253
	農産物漬物製造業	0	0	4	6	5	11	12	18	2	16
	医療・福祉施設給食製造	6	10	15	27	4	11	26	44	21	23
	小計	633	1,127	3,013	4,217	1,148	572	1,000	2,785	1,926	397
繊維・衣服	紡績運転	6	101	0	41	42	8	12	37	7	4
	織布運転	0	4	12	161	0	9	0	53	28	2
	染色	2	32	10	129	6	6	8	24	8	14
	ニット製品製造	26	6	0	0	6	6	0	8	2	79
	たて編ニット生地製造	16	3	0	0	0	0	0	0	0	3
	婦人子供服製造	38	2,628	87	459	348	158	160	346	302	120
	紳士服製造	6	25	0	19	8	25	23	54	0	0
	下着類製造	0	0	0	8	21	25	44	0	94	17
	寝具製作	0	2	9	27	16	35	3	9	3	20
	カーペット製造	0	23	8	13	6	7	0	49	3	0
	帆布製品製造	0	132	16	110	64	0	21	22	5	4
	布はく縫製	62	0	0	5	5	21	0	0	22	0
	座席シート縫製	38	157	95	598	60	11	17	6	4	0
	小計	194	3,113	237	1,570	582	311	288	608	478	263

（単位：件）

分　野	職　　種	長野県	岐阜県	静岡県	愛知県	三重県	滋賀県	京都府	大阪府	兵庫県	奈良県
機械・金属	鋳造	41	171	317	541	148	37	31	138	55	45
	鍛造	32	18	22	70	2	42	4	20	36	10
	ダイカスト	120	281	84	159	63	8	13	128	167	0
	機械加工	563	673	726	2,068	510	304	181	837	570	77
	金属プレス加工	36	611	607	1,622	606	245	63	401	414	66
	鉄工	49	97	114	210	91	43	38	346	191	62
	工場板金	32	189	123	311	74	81	63	238	134	9
	めっき	50	120	75	715	78	9	16	286	59	0
	アルミニウム陽極酸化処理	126	14	22	61	17	7	0	19	15	0
	仕上げ	121	135	193	569	92	153	30	189	164	2
	機械検査	207	591	303	1,589	479	84	56	294	383	5
	機械保全	14	84	119	303	168	28	13	213	108	48
	電子機器組立て	304	415	549	1,030	937	344	159	183	888	9
	電気機器組立て	147	97	56	290	226	71	28	139	210	0
	プリント配線板製造	149	144	9	81	89	84	12	38	19	0
	小　　　　計	1,991	3,640	3,319	9,619	3,580	1,540	707	3,469	3,413	333
その　他	家具製作	125	235	59	236	40	10	5	78	34	56
	印刷	5	32	69	162	5	18	83	100	64	6
	製本	29	31	31	146	2	23	112	150	48	11
	プラスチック成形	260	1,187	1,330	3,538	842	656	165	571	482	265
	強化プラスチック成形	50	54	44	90	11	38	0	39	31	2
	塗装	240	324	754	1,649	372	233	143	760	452	70
	溶接	63	652	458	2,189	995	355	344	1,055	896	172
	工業包装	109	592	665	1,578	593	161	143	919	437	110
	紙器・段ボール箱製造	40	111	155	302	12	37	66	167	100	47
	陶磁器工業製品製造	19	208	0	2	3	0	0	0	0	0
	自動車整備	49	88	155	353	143	76	74	177	98	38
	ビルクリーニング	75	120	160	381	45	9	76	432	89	14
	介護	139	243	257	646	179	105	168	738	430	190
	リネンサプライ	0	59	85	40	33	1	98	60	40	22
	コンクリート製品製造	0	5	8	3	0	13	0	0	0	0
	宿泊	0	0	0	0	0	0	0	0	0	0
	小　　　　計	1,203	3,941	4,230	11,315	3,275	1,735	1,477	5,246	3,201	1,003
主務大臣が告示で定める職種	空港グランドハンドリング（航空貨物取扱作業）	0	0	0	0	0	0	0	2	0	0
	空港グランドハンドリング（客室清掃作業）	0	0	0	0	0	0	0	0	0	0
	小　　　　計	0	0	0	0	0	0	0	2	0	0
移行対象外の職種	移行対象外職種	1,720	237	891	1,309	355	682	196	486	448	90
	合　　　　計	7,582	14,186	14,780	35,775	10,639	5,564	4,827	17,789	11,974	2,607

第4―25表　職種別　都道府県別　技能実習計画認定の状況（2019年度）（続）

（単位：件）

分野	職種	和歌山県	鳥取県	島根県	岡山県	広島県	山口県	徳島県	香川県	愛媛県	高知県
農業	耕種農業	147	33	40	127	277	37	454	511	171	590
	畜産農業	13	26	80	140	139	18	71	124	61	10
	小　　　計	160	59	120	267	416	55	525	635	232	600
漁業	漁船漁業	0	67	29	0	0	9	15	0	43	150
	養殖業	0	0	0	226	877	0	0	0	0	0
	小　　　計	0	67	29	226	877	9	15	0	43	150
建設	さく井	4	0	0	0	6	5	6	0	13	0
	建築板金	4	0	18	43	24	15	5	48	21	0
	冷凍空気調和機器施工	0	0	4	14	15	7	9	3	10	3
	建具製作	10	0	0	3	16	0	17	6	2	0
	建築大工	32	4	9	53	56	11	4	12	36	7
	型枠施工	15	27	50	190	477	67	87	134	92	81
	鉄筋施工	47	29	30	109	240	41	22	56	52	21
	とび	57	64	78	568	588	306	164	227	279	79
	石材施工	0	2	2	12	10	0	2	24	11	0
	タイル張り	0	2	0	9	13	3	6	2	4	0
	かわらぶき	7	0	0	18	8	3	3	9	0	3
	左官	0	0	13	17	66	26	5	7	7	5
	配管	6	0	2	111	79	161	4	18	18	7
	熱絶縁施工	0	0	0	27	49	25	2	15	16	0
	内装仕上げ施工	14	2	2	69	90	25	38	76	8	8
	サッシ施工	0	0	0	3	0	6	1	2	0	3
	防水施工	2	0	0	28	32	11	5	42	13	3
	コンクリート圧送施工	2	3	0	1	6	15	8	8	3	5
	ウェルポイント施工	0	0	0	0	0	0	2	0	0	0
	表装	0	0	0	10	15	0	4	7	3	0
	建設機械施工	14	5	23	249	218	77	13	73	107	12
	築炉	0	0	0	18	0	0	0	0	0	0
	小　　　計	214	138	231	1,552	2,008	804	407	769	695	237
食料品製造	缶詰巻締	0	0	0	27	6	0	82	5	55	0
	食鳥処理加工業	1	68	0	128	86	43	169	68	40	15
	加熱性水産加工食品製造業	30	92	30	69	347	150	7	115	288	21
	非加熱性水産加工食品製造業	57	108	114	20	123	385	33	66	132	10
	水産練り製品製造	2	0	22	71	32	206	0	55	37	0
	牛豚食肉処理加工業	0	5	25	19	41	14	20	7	90	2
	ハム・ソーセージ・ベーコン製造	2	49	0	4	45	82	37	53	20	3
	パン製造	10	23	18	150	133	24	31	65	20	4
	そう菜製造業	112	65	132	1,004	1,135	372	202	676	750	182
	農産物漬物製造業	29	0	3	3	12	0	1	3	0	0
	医療・福祉施設給食製造	6	0	0	2	16	5	6	8	14	0
	小　　　計	249	410	344	1,497	1,976	1,281	588	1,121	1,446	237
繊維・衣服	紡績運転	0	3	0	5	0	2	0	0	3	0
	織布運転	15	0	0	10	0	0	0	0	144	0
	染色	6	0	0	53	3	0	0	0	68	0
	ニット製品製造	12	6	21	38	61	5	23	51	0	0
	たて編ニット生地製造	0	0	2	11	8	0	1	0	0	0
	婦人子供服製造	142	214	450	1,051	736	160	462	178	833	117
	紳士服製造	4	0	27	161	105	0	4	5	28	48
	下着類製造	6	35	14	0	0	12	17	0	55	0
	寝具製作	0	0	0	40	19	0	0	2	0	0
	カーペット製造	2	0	0	5	10	0	0	0	0	0
	帆布製品製造	0	2	0	68	51	0	23	7	0	0
	布はく縫製	0	0	0	88	0	2	0	31	0	0
	座席シート縫製	6	8	14	44	92	3	0	0	20	0
	小　　　計	193	268	528	1,574	1,085	184	530	274	1,151	165

第４—25表　職種別 都道府県別 技能実習計画認定の状況（2019年度）（続）

（単位：件）

分野	職種	和歌山県	鳥取県	島根県	岡山県	広島県	山口県	徳島県	香川県	愛媛県	高知県
機械・金属	鋳造	9	6	93	132	89	52	16	38	73	4
	鍛造	0	15	0	17	23	0	0	0	0	0
	ダイカスト	3	0	0	72	13	10	0	0	0	0
	機械加工	26	48	75	438	578	122	40	93	42	13
	金属プレス加工	7	19	10	130	308	37	7	69	55	6
	鉄工	35	7	11	85	179	79	22	229	76	5
	工場板金	29	0	1	55	160	6	7	36	3	9
	めっき	3	3	0	8	115	4	2	2	25	0
	アルミニウム陽極酸化処理	0	0	0	51	47	9	0	0	0	0
	仕上げ	66	0	11	60	128	34	1	15	26	2
	機械検査	0	25	12	368	282	83	23	2	2	0
	機械保全	6	2	7	267	110	17	0	55	1	0
	電子機器組立て	19	163	54	156	372	2	20	64	63	31
	電気機器組立て	21	2	0	87	138	2	4	13	13	1
	プリント配線板製造	0	0	0	1	12	0	0	0	0	0
	小　　計	224	290	274	1,927	2,554	457	142	616	379	71
その他	家具製作	0	2	8	108	133	32	31	73	5	0
	印刷	0	0	6	10	4	0	6	98	81	0
	製本	0	13	6	45	5	3	25	26	81	0
	プラスチック成形	8	17	59	253	891	395	33	83	28	7
	強化プラスチック成形	1	0	0	9	4	3	5	10	11	2
	塗装	44	17	10	217	746	130	22	228	323	43
	溶接	66	12	49	474	2,406	412	34	890	1,502	77
	工業包装	33	31	40	231	291	148	60	98	88	48
	紙器・段ボール箱製造	0	14	3	21	36	9	10	30	8	7
	陶磁器工業製品製造	0	0	0	3	1	0	0	0	0	0
	自動車整備	18	7	18	47	98	40	42	46	48	43
	ビルクリーニング	31	7	20	52	118	42	6	54	12	16
	介護	49	12	14	148	305	134	100	119	328	50
	リネンサプライ	6	8	14	6	5	0	10	38	23	0
	コンクリート製品製造	0	0	0	0	0	0	0	0	2	0
	宿泊	0	0	0	0	0	0	0	0	0	0
	小　　計	256	140	247	1,624	5,043	1,348	384	1,793	2,540	293
主務大臣が告示で定める職種	空港グランドハンドリング（航空貨物取扱作業）	0	0	0	0	0	0	0	0	0	0
	空港グランドハンドリング（客室清掃作業）	0	0	0	0	0	0	0	0	0	0
	小　　計	0	0	0	0	0	0	0	0	0	0
移行対象外の職種	移行対象外職種	84	61	54	273	818	269	34	277	159	27
合　　計		1,380	1,433	1,827	8,940	14,777	4,407	2,625	5,485	6,645	1,780

第4—25表　職種別 都道府県別 技能実習計画認定の状況（2019年度）（続）

（単位：件）

分野	職種	福岡県	佐賀県	長崎県	熊本県	大分県	宮崎県	鹿児島県	沖縄県
農業	耕種農業	1,288	159	739	3,032	680	697	1,078	238
	畜産農業	133	21	90	197	77	181	293	47
	小計	1,421	180	829	3,229	757	878	1,371	285
漁業	漁船漁業	0	0	99	0	8	173	22	51
	養殖業	0	0	3	0	0	0	0	0
	小計	0	0	102	0	8	173	22	51
建設	さく井	41	0	0	2	2	2	0	0
	建築板金	114	3	5	18	9	0	12	9
	冷凍空気調和機器施工	70	0	0	2	2	0	12	7
	建具製作	10	2	0	20	0	3	2	0
	建築大工	141	23	40	88	55	60	15	33
	型枠施工	536	66	105	125	89	34	91	450
	鉄筋施工	363	85	56	181	68	24	94	314
	とび	955	132	94	226	241	167	214	313
	石材施工	6	0	0	0	2	0	0	0
	タイル張り	48	3	3	1	8	3	2	1
	かわらぶき	30	5	4	9	6	9	4	6
	左官	231	35	9	23	25	36	33	50
	配管	153	4	11	26	26	2	45	44
	熱絶縁施工	39	0	9	9	0	0	1	10
	内装仕上げ施工	176	17	10	44	35	29	12	29
	サッシ施工	36	0	0	3	3	0	0	17
	防水施工	102	0	10	15	11	4	23	8
	コンクリート圧送施工	73	28	2	22	9	7	9	30
	ウェルポイント施工	0	0	0	0	0	0	0	0
	表装	28	2	0	10	1	2	6	7
	建設機械施工	504	116	44	239	124	105	163	78
	築炉	34	0	0	0	2	0	0	0
	小計	3,690	521	402	1,063	718	487	738	1,406
食料品製造	缶詰巻締	68	30	9	0	0	0	0	0
	食鳥処理加工業	49	102	126	127	11	443	666	31
	加熱性水産加工食品製造業	183	54	19	33	26	54	393	31
	非加熱性水産加工食品製造業	549	98	213	87	101	15	153	26
	水産練り製品製造	55	16	25	2	37	15	17	0
	牛豚食肉処理加工業	99	3	42	20	12	38	143	33
	ハム・ソーセージ・ベーコン製造	48	130	28	54	4	20	57	12
	パン製造	174	16	50	72	31	41	11	134
	そう菜製造業	1,519	386	172	771	115	214	728	348
	農産物漬物製造業	12	0	0	4	0	30	28	0
	医療・福祉施設給食製造	55	15	5	37	6	22	21	2
	小計	2,811	850	689	1,207	343	892	2,217	617
繊維・衣服	紡績運転	3	0	0	3	9	9	0	0
	織布運転	7	0	0	0	5	0	0	0
	染色	2	0	0	3	0	0	0	0
	ニット製品製造	2	9	0	11	0	62	0	0
	たて編ニット生地製造	0	0	0	0	0	0	0	0
	婦人子供服製造	267	239	327	363	114	286	145	0
	紳士服製造	36	31	34	7	41	98	12	0
	下着類製造	0	26	15	26	31	0	41	0
	寝具製作	32	0	21	4	0	25	0	0
	カーペット製造	0	0	0	12	0	0	0	0
	帆布製品製造	13	4	0	3	0	14	0	2
	布はく縫製	15	0	17	0	0	20	41	0
	座席シート縫製	63	16	0	3	41	0	0	0
	小計	440	325	414	435	241	514	239	2

第4—25表　職種別 都道府県別 技能実習計画認定の状況（2019年度）（続）

（単位：件）

分　野	職　　種	福岡県	佐賀県	長崎県	熊本県	大分県	宮崎県	鹿児島県	沖縄県
機械・金属	鋳造	114	12	0	37	0	0	0	3
	鍛造	6	0	0	3	6	0	0	0
	ダイカスト	9	0	0	8	0	0	0	0
	機械加工	172	25	6	153	82	39	27	0
	金属プレス加工	258	32	0	78	39	2	8	1
	鉄工	297	23	56	22	32	26	30	2
	工場板金	148	25	11	17	51	11	0	4
	めっき	36	0	0	30	0	10	9	0
	アルミニウム陽極酸化処理	0	0	0	0	0	0	0	0
	仕上げ	130	20	0	28	15	5	6	0
	機械検査	133	0	0	42	29	4	83	3
	機械保全	27	11	0	16	25	31	11	5
	電子機器組立て	108	39	0	236	164	140	282	0
	電気機器組立て	17	16	4	95	28	11	4	8
	プリント配線板製造	0	0	0	3	0	0	60	0
	小　　　　計	1,455	203	77	768	471	279	520	26
その他	家具製作	156	18	0	8	7	35	2	3
	印刷	17	3	1	14	0	0	2	0
	製本	130	14	0	9	0	0	0	0
	プラスチック成形	695	241	2	117	370	70	14	0
	強化プラスチック成形	16	0	5	13	1	0	0	0
	塗装	434	147	89	122	116	25	38	131
	溶接	907	204	306	381	358	31	63	50
	工業包装	504	89	6	43	83	22	28	9
	紙器・段ボール箱製造	27	27	0	3	0	3	0	0
	陶磁器工業製品製造	0	0	0	0	0	0	0	0
	自動車整備	105	25	15	35	37	32	50	81
	ビルクリーニング	219	26	19	70	58	17	48	497
	介護	366	42	81	86	121	52	118	48
	リネンサプライ	66	59	0	20	30	16	24	0
	コンクリート製品製造	2	2	0	8	4	1	1	3
	宿泊	0	0	0	0	0	0	0	0
	小　　　　計	3,644	897	524	929	1,185	304	388	822
主務大臣が告示で定める職種	空港グランドハンドリング（航空貨物取扱作業）	0	0	0	0	0	0	0	0
	空港グランドハンドリング（客室清掃作業）	0	0	0	0	0	0	0	0
	小　　　　計	0	0	0	0	0	0	0	0
移行対象外の職種	移行対象外職種	511	89	101	170	364	66	70	110
合　　　　計		13,972	3,065	3,138	7,801	4,087	3,593	5,565	3,319

資料出所　外国人技能実習機構公表資料に基づき JITCO 作成

(2) 実地検査の実施状況

　外国人技能実習機構（OTIT）は、技能実習法第14条の規定により、監理団体や実習実施者等の設備や帳簿書類を実地に検査することが認められている。

　OTITによる実地検査は、監理団体に対しては1年に1回、実習実施者に対して3年に1回程度の頻度で定期的に実施されることとなっている。

　2019年度は、監理団体に対しては3,087件、実習実施者に対しては14,970件の実地検査が行われ、そのうち技能実習法違反があり指導が行われたのは、監理団体では1,331件（違反率43.1%）、実習実施者では4,922件（違反率32.9%）となった。

　監理団体に対する実地検査での主な違反内容は、「帳簿等の作成・備え付け、届出の提出に関するもの」が1,170件、次いで「監理団体の運営・態勢に関するもの」が679件となっている。

　実習実施者に対する実地検査での主な違反内容は、「技能実習生の待遇に関するもの」が2,374件、「帳簿書類の作成・備え付けに関するもの」が2,258件となっている。

第4—26表　外国人技能実習機構による実地検査数及び指導件数の推移

（単位：件）

	2018年度		2019年度			
	実地検査	指導件数	実地検査	前年度比	指導件数	前年度比
監　理　団　体	2,484	1,417	3,087	603	1,331	−86
実　習　実　施　者	7,891	2,752	14,970	7,079	4,922	2,170
合　　　　　計	10,375	4,169	18,057	7,682	6,253	2,084

資料出所　外国人技能実習機構公表資料に基づき JITCO 作成
注1　指導件数とは、技能実習法違反が認められたため、外国人技能実習機構が指導を行った件数である。
注2　2018年度には、2017年度分の件数（実地検査6件（実習実施者5件、監理団体1件）、指導件数は0件）が含まれている。

第4—27表　外国人技能実習機構による実地検査における主な指摘事項一覧（監理団体）（2019年度）

（単位：件）

実習実施者の監理・指導に関するもの	644
実地による確認を適切に行っていなかったもの	167
技能実習計画の作成指導を適切に行っていなかったもの	91
事業所の設備や帳簿を適切に確認していなかったもの	102
第1号技能実習についての確認・指導を適切に行っていなかったもの	43
監理責任者による労働法令違反に係る指導・指示が適切に行われていなかったもの	50
その他	191
技能実習生の保護・支援に関するもの	21
実習生からの相談に適切に応じていなかったもの	15
技能実習生の旅券・在留カードを保管していたもの	3
私生活の自由を制限する規則（外泊禁止等）を定めていたもの	3
監理団体の運営・体制に関するもの	679
業務運営規程が事業所内に掲示されていなかったもの	196
外部役員・外部監査人の設置・監査が適切に行われていなかったもの	161
監理責任者が適切に選任されていなかったもの	66
個人情報等の取扱いが適切でなかったもの	33
監理費の徴収が適切でなかったもの	76
名義貸しを行っていたもの	30
その他	117
帳簿等の作成・備え付け、届出の提出に関するもの	1,170
各種管理簿が適切に作成等されていなかったもの	543
監査・講習・指導・相談等の記録が適切に作成等されていなかったもの	433
監理団体の許可に係る変更や事業の休廃止届を適切に提出していなかったもの	124
実習実施困難時届を適切に提出していなかったもの	50
その他	20
監査報告・事業報告に関するもの	215
監査終了後に遅滞なく監査報告書を作成・提出しなかったもの	174
事業報告書を提出しなかったもの	41
合　　　　計	2,729

資料出所　外国人技能実習機構公表資料に基づき JITCO 作成

第4―28表　外国人技能実習機構による実地検査における主な指摘事項一覧（実習実施者）（2019年度）

（単位：件）

項目	件数
技能実習の実施に関するもの	1,575
実習内容が計画と異なっていたもの	363
実習時間数が計画と異なっていたもの	121
計画に記載されている機械・器具・設備を使用していなかったもの	28
従事させる業務が適切でないもの	146
実習場所が計画と異なっていたもの	583
その他	334
技能実習を実施する体制・設備に関するもの	785
技能実習生に対する指導体制が不十分であったもの	401
生活指導員が適切に選任されていなかったもの	56
技能実習指導員が適切に選任されていなかったもの	217
技能実習責任者が適切に選任されていなかったもの	29
技能実習生の人数枠が基準を満たしていないもの	14
その他	68
技能実習生の待遇に関するもの	2,374
宿泊施設の不備（私有物収納設備、消火設備等の不備等）に関するもの	1,063
食費、居住費、水道・光熱費等の技能実習生が負担する金額が適正でなかったもの	146
計画どおりの報酬が支払われていなかったもの	401
残業代が適切に支払われていなかったもの	747
報酬の額が日本人と同等以上でなかったもの	15
手当の支給その他の方法による入国後講習に専念するための措置を講じていなかったもの	2
帳簿書類の作成・備え付けに関するもの	2,258
各種管理簿を適切に作成・備付けしていなかったもの	1,645
その他	613
届出・報告に関するもの	953
軽微変更届を適正に提出していなかったもの	651
実習実施届を適正に提出していなかったもの	38
技能実習実施状況報告を適正に提出していなかったもの	105
その他	159
技能実習生の保護に関するもの	34
在留カード・旅券を預かっていたもの	15
貯蓄の契約をさせ、又は貯蓄金を管理する契約をしていたもの	1
私生活の自由を不当に制限していたもの	10
その他	8
合　　　計	7,979

資料出所：外国人技能実習機構公表資料に基づき JITCO 作成

(3) 母国語相談の実施状況

　外国人技能実習機構（OTIT）は、技能実習の適正な実施及び技能実習生の保護を図るために技能実習生からの相談に応じ、必要な情報の提供、助言その他の援助を行っている。相談項目は、技能実習制度、人間関係のトラブル等多岐にわたっている。相談件数はベトナム語と中国語が多く、母国語相談件数全体の約80%を占める。相談内容としては、どの言語においても、「管理に関すること」、「賃金・時間外労働等の労働条件に関すること」が多くみられる。

第4—29表　外国人技能実習機構による母国語相談実施件数（2019年度）

（単位：件）

	母国語相談件数														
	技能実習制度に関すること	その他の制度に関すること	管理に関すること	賃金・時間外労働等の労働条件に関すること	職種の相違に関すること	違約金・賠償金に関すること	途中帰国に関すること	送出機関に関すること	社会保険・労働保険に関すること	実習先変更に関すること	日常生活に関すること	健康上の問題に関すること	人間関係におけるトラブルに関すること	その他	総数
ベトナム語	299	270	946	733	417	49	518	50	154	519	13	34	37	278	4,317
中　国　語	86	85	336	284	104	26	190	57	68	157	5	24	37	184	1,643
フィリピン語	49	33	213	148	144	0	52	1	30	76	0	2	17	72	837
インドネシア語	18	12	94	82	8	1	7	1	4	84	0	7	0	17	335
カンボジア語	6	5	46	42	0	0	9	5	2	14	0	1	1	12	143
ミャンマー語	5	5	22	11	8	0	17	1	0	9	0	2	2	18	100
タ　イ　語	5	3	13	20	0	1	5	2	2	9	0	0	0	6	66
英　　　語	0	0	2	0	0	0	0	0	0	2	0	0	0	1	5
他	1	2	1	0	0	0	0	0	0	0	0	0	0	2	6
合　　　計	469	415	1,673	1,320	681	77	798	117	260	870	18	70	94	590	7,452

資料出所　外国人技能実習機構
注1　複数の相談を受け付けた場合は、複数項目で計上している。
注2　外国人技能実習機構における母国語相談は、ベトナム語と中国語を月曜日から金曜日、インドネシア語を火曜日及び木曜日、フィリピン語と英語を火曜日及び土曜日、タイ語を木曜日及び土曜日、カンボジア語を木曜日、ミャンマー語を金曜日に実施された。

6　特定技能1号外国人の受入れ状況

(1)　特定技能外国人の在留者数（速報値）

2019年4月の改正入管法施行によりスタートした特定技能外国人の受入れの状況を概観していく。法務省は、特定技能外国人の在留者数の速報値を2019年6月末時点より3ヶ月毎に公表しており、本稿作成時点では、2020年6月末の分が最新となっている。

なお、2020年6月末時点で、特定技能2号外国人の在留者はおらず、数値は全て特定技能1号外国人の数である。

①　国籍別特定技能1号外国人在留者の推移

2020年6月末時点における特定技能外国人の在留者は5,950人である。2020年3月末からの3ヶ月間で49.2%の増加となっている。国籍別では、ベトナムが3,500人で全体の58.8%を占めており、中国、インドネシアが続いている。技能実習生の送出人数が多い9人のほか、韓国や台湾が入っており、また、「その他」には、ヨーロッパ（16人）、北米（4人）、南米（5人）など、技能実習生の送出国とは異なる国籍の外国人が散見される。

第4－30表　国籍別 特定技能1号外国人在留者の推移

（単位：人）

	2019年6月末	2019年9月末	2019年12月末	2020年3月末	2020年6月末	
						構成比
ベ ト ナ ム	7	93	901	2,316	3,500	58.8%
中 　 国	0	17	100	331	597	10.0%
インドネシア	0	33	189	456	558	9.4%
フィリピン	0	27	111	235	369	6.2%
ミャンマー	0	16	100	216	291	4.9%
カンボジア	2	4	94	198	243	4.1%
タ 　 イ	11	23	79	125	177	3.0%
ネ パ ー ル	0	1	18	25	49	0.8%
韓 　 国	0	0	6	16	41	0.7%
台 　 湾	0	2	6	21	36	0.6%
そ の 他	0	3	17	48	89	1.5%
合 　 計	20	219	1,621	3,987	5,950	100.0%

資料出所　法務省資料に基づき JITCO 作成

② 特定技能産業分野別　国籍別　特定技能1号外国
　人在留者の推移
　　特定産業分野別に見ると、もっとも多いのは飲食
　料品製造業分野の2,094人（35.2%）となっている。

このうち、国籍別ではベトナムが最も多く1,549人
となっており、ベトナム国籍の特定技能1号外国人
3,500人のうち44.3%を占めている。

第4-31表　特定産業分野別　国籍別 特定技能1号外国人在留者の状況（2020年6月末）

(単位：人)

	合計	ベトナム	インドネシア	中国	フィリピン	ミャンマー	カンボジア	タイ	ネパール	スリランカ	台湾	その他
介　護　分　野	170	44	43	27	49	1	—	1	1	—	—	4
ビルクリーニング分野	84	53	3	—	11	5	8	2	—	—	—	2
素形材産業分野	537	273	87	81	30	10	2	50	—	4	—	—
産業機械製造業分野	561	321	115	61	24	10	1	26	—	—	—	3
電気・電子情報関連産業分野	268	156	13	34	20	12	1	32	—	—	—	—
建　設　分　野	374	267	21	47	19	3	5	9	2	—	—	1
造船・舶用工業分野	175	31	38	30	59	2	—	15	—	—	—	—
自動車整備分野	54	11	2	1	37	2	1	—	—	—	—	—
航　空　分　野	2	1	—	—	—	—	—	—	—	1	—	—
宿　泊　分　野	39	13	7	4	2	3	—	—	6	—	1	3
農　業　分　野	930	401	103	121	66	25	167	21	13	4	1	8
漁　業　分　野	55	28	24	3	—	—	—	—	—	—	—	—
飲食料品製造業分野	2,094	1,549	96	117	37	187	57	15	3	9	6	18
外　食　業　分　野	607	352	6	71	15	31	1	6	24	12	28	61
合　　　　計	5,950	3,500	558	597	369	291	243	177	49	30	36	100

資料出所　法務省資料に基づき JITCO 作成

③ 都道府県別・特定産業分野別 特定技能外国人在留者の状況

都道府県別に見ると、特定技能外国人が最も多く居住しているのは愛知県521人、次いで千葉県497人、東京都448人となっている。地方別では、関東地方（茨城県、栃木県、群馬県、埼玉県、千葉県、東京都、神奈川県）に全体の3分の1にあたる2,107人が居住している。

愛知県内における分野別の人数を見ると、素形材産業分野が152人ともっとも多く、次いで飲食料品製造業分野139人、産業機械製造分野62人となっている。また、千葉県では飲食料品製造業分野が269人ともっとも多く、2位の農業分野65人の4倍以上の数となっている。

第4—32表　都道府県別・特定産業分野別 特定技能1号外国人在留者の状況（2020年6月末）

(単位：人)

都道府県	合計	介護分野	ビルクリーニング分野	素形材産業分野	産業機械製造業分野	電気・電子情報関連産業分野	建設分野	造船・舶用工業分野	自動車整備分野	航空分野	宿泊分野	農業分野	漁業分野	飲食料品製造業分野	外食業分野
北 海 道	287	3	0	3	2	0	14	0	4	0	2	128	22	99	10
青 森 県	33	2	0	0	0	5	0	0	0	0	0	13	0	13	0
岩 手 県	11	1	0	0	0	0	0	0	0	0	0	0	0	10	0
宮 城 県	35	6	0	2	0	0	8	0	0	0	1	3	2	10	3
秋 田 県	1	0	0	0	0	0	0	0	0	0	0	0	0	0	1
山 形 県	7	0	0	0	2	0	5	0	0	0	0	0	0	0	0
福 島 県	31	0	0	2	8	0	2	0	2	0	1	11	0	3	2
茨 城 県	299	2	0	21	16	20	9	0	5	1	0	99	4	116	6
栃 木 県	113	0	0	12	1	1	4	0	1	0	0	39	0	49	6
群 馬 県	208	8	0	31	30	10	5	0	0	0	0	30	0	91	3
埼 玉 県	314	6	2	19	11	2	34	0	4	0	0	18	0	174	44
千 葉 県	497	12	2	15	29	1	29	32	0	1	1	65	1	269	40
東 京 都	448	32	15	8	0	12	39	0	2	0	2	0	0	130	208
神 奈 川 県	228	16	7	4	12	0	36	3	0	0	2	3	0	97	48
新 潟 県	52	0	0	4	0	0	0	0	0	0	1	20	0	25	2
富 山 県	40	0	0	5	8	6	2	0	3	0	0	0	0	12	4
石 川 県	52	0	0	10	7	16	4	0	3	0	0	0	0	9	3
福 井 県	27	0	0	2	7	12	0	0	0	0	0	0	0	5	1
山 梨 県	29	0	4	5	0	3	2	0	0	0	0	4	0	7	4
長 野 県	130	3	11	8	14	7	0	0	2	0	5	57	0	21	2
岐 阜 県	151	14	1	54	21	0	3	0	0	0	8	17	0	29	4
静 岡 県	204	1	0	19	31	16	15	0	1	0	2	22	0	90	7
愛 知 県	521	13	11	152	62	30	32	0	8	0	1	35	0	139	38
三 重 県	119	0	0	17	25	28	13	6	1	0	0	5	3	19	2
滋 賀 県	66	0	0	6	24	4	4	0	0	0	1	9	0	18	0
京 都 府	109	7	1	3	17	0	8	0	2	0	3	1	0	61	6
大 阪 府	316	31	21	39	82	4	30	3	2	0	2	10	0	33	59
兵 庫 県	191	5	0	13	44	34	8	2	4	0	1	10	2	42	26
奈 良 県	21	2	0	2	6	0	2	0	0	0	0	0	0	9	0
和 歌 山 県	15	0	0	1	2	0	1	0	0	0	0	6	0	4	1
鳥 取 県	22	0	0	0	0	3	3	0	0	0	0	0	0	16	0
島 根 県	26	0	0	0	0	0	19	0	0	0	0	0	0	7	0
岡 山 県	86	2	0	19	1	6	9	6	0	0	0	7	0	28	8
広 島 県	211	1	4	29	29	11	10	38	5	0	0	6	16	58	4
山 口 県	33	2	0	3	6	11	0	2	0	0	1	4	0	4	0
徳 島 県	18	0	0	0	0	0	2	0	0	0	0	13	0	3	0
香 川 県	105	0	0	4	3	1	15	0	0	0	3	15	0	63	1
愛 媛 県	57	0	0	7	0	0	1	35	0	0	0	1	1	12	0
高 知 県	22	0	0	0	0	0	2	0	0	0	0	20	0	0	0
福 岡 県	352	0	4	15	53	6	13	2	3	0	0	48	0	163	45
佐 賀 県	17	0	0	0	2	0	2	0	0	0	0	3	0	8	2
長 崎 県	101	0	0	0	0	0	0	32	0	0	0	50	2	17	0
熊 本 県	161	0	1	2	6	0	7	14	0	0	0	79	0	51	1
大 分 県	47	0	0	0	0	0	0	0	1	0	1	23	0	18	4
宮 崎 県	11	0	0	0	0	0	0	0	0	0	1	5	2	1	2
鹿 児 島 県	54	0	0	1	0	0	1	0	0	0	0	16	0	34	2
沖 縄 県	70	1	0	0	0	0	0	0	1	0	0	34	0	26	8
未定・不詳	2	0	0	0	0	0	0	0	0	0	0	1	0	1	0
合　　計	5,950	170	84	537	561	268	374	175	54	2	39	930	55	2,094	607

資料出所　法務省資料に基づき JITCO 作成

④ 分野別　年齢・男女別　特定技能外国人在留者の状況

　分野別で見ると、多くの特定産業分野では男性の方が女性より在留者数が多い中、介護分野や電気・電子情報関連分野、飲食料品製造業分野、ビルクリーニング分野では女性の在留者数が男性を大きく引き離しており、分野ごとで男女の比率が大きく変わる傾向がみられる。男女別で見ると、18〜29歳の割合は男性では、1,965人（男性全体の64.4%）、女性では2,187人（女性全体の75.4%）となっており、在留資格「技能実習」での在留者数と類似の傾向が見られる。

　また、農業分野や飲食料品製造業分野では、40代でも在留者数は一定数見られ、女性の割合が高くなっている。

第4−33表　特定産業分野別　年齢・男女別 特定技能1号外国人在留者の状況（2020年6月末）

（単位：人）

	全体			18歳〜29歳			30歳〜39歳			40歳〜49歳			50歳〜59歳		
		男	女		男	女		男	女		男	女		男	女
介 護 分 野	170	38	132	117	22	95	46	15	31	6	1	5	1	0	1
ビルクリーニング分野	84	21	63	65	17	48	17	4	13	2	0	2	0	0	0
素形材産業分野	537	457	80	325	269	56	194	171	23	18	17	1	0	0	0
産業機械製造業分野	561	450	111	367	272	95	189	175	14	4	2	2	1	1	0
電気・電子情報関連産業分野	268	50	218	202	33	169	62	14	48	4	3	1	0	0	0
建 設 分 野	374	372	2	186	184	2	160	160	0	27	27	0	1	1	0
造船・舶用工業分野	175	175	0	75	75	0	85	85	0	15	15	0	0	0	0
自動車整備分野	54	54	0	47	47	0	7	7	0	0	0	0	0	0	0
航 空 分 野	2	2	0	2	2	0	0	0	0	0	0	0	0	0	0
宿 泊 分 野	39	19	20	35	17	18	4	2	2	0	0	0	0	0	0
農 業 分 野	930	440	490	558	245	313	328	177	151	44	18	26	0	0	0
漁 業 分 野	55	36	19	41	28	13	d	8	5	1	0	1	0	0	0
飲食料品製造業分野	2094	578	1,516	1,614	458	1,156	443	113	330	34	7	27	3	0	3
外 食 業 分 野	607	359	248	518	296	222	83	60	23	5	2	3	1	1	0
合　　　　計	5,950	3,051	2,899	4,152	1,965	2,187	1,618	991	640	160	92	68	7	3	4

資料出所　法務省資料に基づき JITCO 作成

⑤ 国籍別 ルート別 特定技能1号在留外国人の状況

　「特定技能」での在留資格を取得する外国人の入国ルートでは主に、試験を受けて直接「特定技能」から入国する「試験ルート」と技能実習2号以上を修了し、「特定技能」に資格変更する「技能実習ルート」がある。国籍別で見ると、技能実習でも在留者が多い国では、「技能実習ルート」での受入れが多く、「試験ルート」での受入れの方が多いのは、ネパールや台湾となっている。

第4−34表　国籍別　ルート別 特定技能1号在留外国人の状況（2020年6月末）

(単位：人)

	合　計	試験ルート	技能実習ルート	検定ルート	介護福祉士養成施設修了ルート	EPA介護福祉士候補者ルート
ベ　ト　ナ　ム	3,500	440	3,058	0	0	2
インドネシア	558	36	499	0	0	23
中　　　　国	597	111	486	0	0	0
フィリピン	369	53	290	1	0	25
ミャンマー	291	39	252	0	0	0
カンボジア	243	1	242	0	0	0
タ　　　　イ	177	7	170	0	0	0
ネ　パ　ー　ル	49	34	15	0	0	0
スリランカ	30	14	16	0	0	0
台　　　　湾	36	36	0	0	0	0
そ　の　他	100	84	16	0	0	0
合　　　　計	5,950	855	5,044	1	0	50

資料出所　法務省資料に基づき JITCO 作成

⑥ 特定産業分野別　ルート別　特定技能1号外国人
　在留者の状況

　特定産業分野別に見ると、技能実習の対象職種の
多くは「技能実習ルート」からの受入れが多い一方、
介護分野では、「技能実習ルート」からの受入れはな
く、「試験ルート」及び「EPA介護福祉士候補者ルー

ト」からの受入れとなっている。建設、自動車整備、
造船・舶用工業、航空分野では、日本人なども一般
的に受験する技能検定3級などの試験からも「検定
ルート」として受入れが可能であるが、2020年6月
末現在では自動車整備分野での1名に留まってい
る。

第4—35表　特定産業分野別　ルート別 特定技能1号外国人在留者の状況（2020年6月末）

（単位：人）

	合計	試験ルート	技能実習ルート	検定ルート	介護福祉士養成施設修了ルート	EPA介護福祉士候補者ルート
介　護　分　野	170	120	0	—	—	50
ビルクリーニング分野	84	25	59	—	—	—
素形材産業分野	537	0	537	—	—	—
産業機械製造業分野	561	0	561	—	—	—
電気・電子情報関連産業分野	268	0	268	—	—	—
建　設　分　野	374	0	374	0	—	—
造船・舶用工業分野	175	0	175	0	—	—
自動車整備分野	54	0	53	1	—	—
航　空　分　野	2	2	0	0	—	—
宿　泊　分　野	39	39	0	—	—	—
農　業　分　野	930	2	928	—	—	—
漁　業　分　野	55	0	55	—	—	—
飲食料品製造業分野	2,094	60	2,034	—	—	—
外　食　業　分　野	607	607	0	—	—	—
合　　　　計	5,950	855	5,044	1	—	50

資料出所　法務省資料に基づき JITCO 作成

⑦ 2019年度　特定産業分野別　評価試験の実施状況
　　特定産業分野別に見ると、受験者数・合格者数とともに外食業分野、介護分野が多くみられる。
　　また、日本国外の試験実施国の内訳をみると、介護、ビルクリーニング、操船・舶用工業、自動車整備、航空、農業、飲食料品製造業、外食業と多くの特定産業分野において、受験者数・合格者数ともにフィリピンが多くなっている。

第4―36表　2019年度 特定産業分野別　評価試験の実施の状況

(単位：人)

分野（試験区分）	受験者数	（うち国外受験者）	合格者数	（うち国外合格者）	日本国外の試験実施国の内訳（カッコ内は受験者数・合格者数）
介護分野（技能）	6,426	(5,511)	3,513	(3,006)	フィリピン（3,079・1,800）、カンボジア（336・35）、インドネシア（635・282）、ネパール（522・175）、モンゴル（132・74））、ミャンマー（807・640）
介護分野（日本語）	6,156	(5,325)	3,605	(2,974)	フィリピン（3,019・1,699）、カンボジア（309・70）、インドネシア（577・295）、ネパール（495・155）、モンゴル（130・70）、ミャンマー（795・685）
ビルクリーニング分野	709	(414)	495	(291)	ミャンマー（177・113）、フィリピン（237・178）
製造業3分野	23	(23)	4	(4)	インドネシア（23・4）
建設分野	未実施				
造船・舶用工業分野	14	(14)	7	(7)	フィリピン（14・7）
自動車整備分野	32	(32)	25	(25)	フィリピン（32・25）
航空分野（空港グランドハンドリング）	306	(121)	186	(94)	フィリピン（121・94）
航空分野（航空機整備）	34	(34)	8	(8)	モンゴル（34・8）
宿泊分野	1,852	(238)	1,140	(85)	ミャンマー（238・85）
農業分野（耕種農業全般）	629	(619)	506	(497)	フィリピン（52・48）、インドネシア（259・238）、カンボジア（212・139）、ミャンマー（96・72）
農業分野（畜産農業全般）	72	(68)	65	(61)	フィリピン（4・4）、インドネシア（30・30）、カンボジア（12・7）、ミャンマー（22・20）
漁業分野	19	(19)	8	(8)	インドネシア（19・8）
飲食料品製造業分野	3,488	(1,934)	2,767	(1,842)	フィリピン（247・226）、インドネシア（1,687・1,616）
外食業分野	8,924	(1,178)	5,453	(831)	フィリピン（774・552）、カンボジア（176・89）、ミャンマー（228・190）
合　　計	28,684	(15,530)	17,782	(9,733)	

資料出所　「令和元年度試験実施状況報告書」に基づき JITCO 作成

⑧ 特定技能制度に関する二国間取決め締結状況
　特定技能制度においては、日本政府と送出し国政府との間で二国間取決めを締結し、悪質な仲介事業者の排除や情報共有の枠組の構築のために、主要国との間で二国間取決めを締結することとされているが、二国間取決めがない場合であっても、受入れに際しては日本および送出国の法令を遵守して特定技能外国人の受入れを実施することが可能となっている。

　2020年6月末現在、フィリピン、カンボジア、ネパール、ミャンマー、モンゴル、スリランカ、インドネシア、ベトナム、バングラデシュ、ウズベキスタン、パキスタン、タイの12ヶ国において二国間取決めが締結されている。

第4—37表　特定技能制度に関する二国間取決め締結状況
(2020年6月末現在)

	〈二国間取決め締結状況〉	
	締結日	発効日
フ ィ リ ピ ン	2019年3月19日	2019年4月1日
カ ン ボ ジ ア	2019年3月25日	2019年4月1日
ネ パ ー ル	2019年3月25日	2019年4月1日
ミ ャ ン マ ー	2019年3月28日	2019年4月1日
モ ン ゴ ル	2019年4月17日	2019年4月17日
ス リ ラ ン カ	2019年6月19日	2019年6月19日
イ ン ド ネ シ ア	2019年6月25日	2019年6月25日
ベ ト ナ ム	2019年7月1日	2019年7月1日
バングラデシュ	2019年8月27日	2019年8月27日
ウズベキスタン	2019年12月17日	2019年12月17日
パ キ ス タ ン	2019年12月23日	2019年12月23日
タ イ	2020年2月4日	2020年2月4日

資料出所　法務省公表データに基づき JITCO 作成

2020年度版

外国人技能実習・特定技能・研修事業実施状況報告
（JITCO 白書）

2020年12月　発行

発行　公益財団法人　国際人材協力機構 教材センター
〒108-0023　東京都港区芝浦 2-11-5
五十嵐ビルディング11階
ＴＥＬ 03-4306-1110
ＦＡＸ 03-4306-1116
ホームページ　https://www.jitco.or.jp/